@

정보 윤리학의 기본 원리

@

정보 윤리학의 기본 원리

「리차드 세버슨 지음   추병완 · 류지한 옮김 」

철학과현실사

The Principles of information Ethics

by Richard J. Severson

Copyright © 1997 by Richard J. Severson

한 세대 전에 미국인들은 병원의 자동화로 인해 야기된 도덕적 위기로 고생한 적이 있다. 인류 역사상 처음으로 죽었다고 여겨졌던 사람들, 즉 심장 고동이 멈추었거나 호흡이 중지된 사람들이 아주 복잡한 치료약과 기계의 도움으로 소생될 수 있었다.

첨단 장비를 갖춘 병원에서 죽음의 문턱을 기웃거리다가 운 좋게 살아난 어떤 환자들은 오랫동안 아주 건강한 삶을 유지하고 있다. 어떤 사람들은 기계에 의존한 식물 인간이 되어 겨우 목숨만을 부지하고 있다. 두 번째의 경우가 바로 우리에게 도덕적 고민의 원인이 되었다. 한 생명을 구하기 위하여 모든 가용한 수단들을 사용하는 것이 적절하다고 여겨지는 시점은 언제인가? 자연의 순리대로 숨을 거두게 내버려두는 것이 적절한 시점은 언제인가? 이러한 질문은 우리가 윤리학적 숙고(ethical reflection)를 하지 않고서는 대답할 수 없는 아주 어려운 질문이다.

기술의 진보가 인간 존재의 운명을 개선시켜주고 있다는 것은 의심의 여지가 없다. 그러나 병원의 자동화 사례에서 볼 수 있었던 바와 같이, 새로운 기술들은 또한 우리의 생활을 더욱 복잡하고 혼란스럽게 만들고 있다. 이 책에서의 나의 기본 가정은 우리가 한 세대 전에 새로운 의료 기술로 인해 겪었던 도덕적 혼란 및 위기와 동일한 양상을 지금 우리가 정보 기술로 인해 겪고 있다는 것이다.

생명 의료 윤리학자들은 병원이라는 무대에서 삶과 죽음의 문제에 대한 어려운 결정을 내릴 때 아주 쉽게 적용할 수 있는 간단한 '원리' 목록에 의존하는 방법을 우리에게 가르쳐주었다.[1] 그와 마찬가지로, 나는 우리가 복잡한 정보 시대의 문제들에 직면했을 때 현명한 결정을 내릴 수 있도록 도와주는 기억하기 쉬운 네 가지의 원리들을 제시하려고 한다. 예를 들어, 여러분이 근무하고 있는 소프트웨어 회사가 새로운 고객이 될 수 있는 사람들에게 비현실적인 약속을 한다면, 여러분은 어떻게 하겠는가? 여러분이 관리하는 부

---

1) 역주 : 미국의 생명 의료 윤리학자 비첨과 칠드레스(Beachamp & Childress)는 『생명 의료 윤리학의 원리』에서 자율성 존중의 원리, 해악 금지의 원리, 선행의 원리, 정의의 원리를 제시한 바 있다.

서의 작업 환경을 좋게 유지하기 위해서는 어떠한 전자 우편 정책을 채택해야 하겠는가? 이 책에서 논의되는 네 가지의 원리들, 즉 지적 재산권 존중, 프라이버시 존중, 공정한 표시, 해악 금지는 이러한 질문들 및 이와 유사한 그 밖의 질문들에 여러분이 대답하는 것을 도와줄 것이다.

이 책은 학생들과 그 밖의 관심 있는 독자들을 위하여 씌어진 것으로서, 실업과 컴퓨터 과학, 도서관학, 정보 과학, 윤리학 수업을 위한 교재로서 아주 적합하다. 철학적 배경이 없는 사람들을 위한 하나의 윤리학 입문서로서 이 책은 건전한 '상식'에 그 기반을 두고 있다. 나는 이 책을 읽기 편하고 흥미 있는 것으로 만들기 위하여 모든 노력을 아끼지 않았다. 각 장은 독자들로 하여금 스스로 생각해볼 수 있도록 고무시켜주는 심화 질문들로 끝을 맺고 있다. 그리고 부록에서는 이 책의 제1장에서 소개하는 원리 윤리학의 간단한 방법을 독자들이 직접 실행해볼 수 있는 몇 가지 사례들을 제시하고 있다.

이 책은 오레곤주 포틀랜드에 있는 메릴허스트대학의 한

필수 강좌에서 내가 강의했던 내용들을 토대로 하여 집필된 것이다. '정보의 힘'이라는 명칭의 이 강좌는 학생들에게 탈산업 정보 사회에 속하는 광의의 다양한 문제들을 소개하고 있다. 이 강좌를 통하여 학생들은 첨단 기술 시대에 필수적인 컴퓨터를 이용한 기본적 연구 기능에 대해서도 배운다.

나는 내 과목을 수강했던 학생들의 사려 깊음과 그들의 윤리학에 대한 관심을 높이 평가하고 있다. 이 자리를 빌어 그들에게 고마움을 표하고 싶다. 종종 좋은 수업에서 볼 수 있는 바와 같이, 나는 내가 가르친 것만큼 그들로부터 많은 것을 배웠다. 내가 그 강좌를 맡게끔 도와주었던 패라이스와 그레고리에게도 감사의 뜻을 전하고 싶다. 끝으로, 이 책을 쓸 수 있도록 여러 모로 도와주었던 샤프출판사의 편집장인 카비니에게 가슴으로부터 우러나오는 감사의 뜻을 전하고 싶다.

정보 기술은 야누스적인 두 얼굴을 지니고 있다. 누가 어떤 의도로 그 기술을 사용하는가에 따라서 우리들의 삶의 모습은 크게 달라질 수 있다. 불행하게도 우리 사회에는 정보화의 역기능들이 날로 급증하고 있으나, 이에 대한 관심과 사회적 대처는 아직 걸음마 수준에 있는 것이 사실이다. 특히 정보 사회가 야기하는 비윤리적 문제들에 대처해나가기 위한 올바른 정보 윤리관의 확립이 아주 중요한 사회적 과제임에도 불구하고, 많은 사람들이 정보와 윤리의 상관성을 아직 제대로 인식하지 못하고 있다. 해킹, 바이러스, 컴퓨터 범죄, 음란물, 프라이버시 침해, 저작권 침해 등으로 대변되는 정보 사회의 암울한 모습들이 우리 사회를 가리고 있음에도 불구하고, 아직 대다수의 사람들은 그 심각성을 체감하지 못하고 있다. 이제 우리는 정보 사회가 가져다주는 온갖 혜택의 향유에만 머무를 것이 아니라, 정보 사회의 역기능에 대처해나갈 수 있는 건전한 윤리 의식을 제고하는 일에 보다 많은 관심을 기울여야 할 것이다.

이 책은 리차드 세버슨(Richard Severson)의 『정보 윤리학의 기본 원리(*The Principles of Information Ethics*)』를 완역한 것이다. 이 책에서 세버슨은 정보 시대에 직면하게 되는 도덕적 문제들을 윤리학적으로 숙고하고 해결하기 위한 방법으로 '원리 윤리학'을 제안하고 있다. 세버슨에 의하면 '원리 윤리학'은 정보와 관련된 복잡한 도덕적 문제들을 단순화시켜서 윤리학적으로 숙고할 수 있게 해주는 '정보 윤리학의 원리'와, 이 추상적인 윤리학적 원리를 실제 도덕적 문제에 적용할 수 있는 구체적 '방법'으로 구성된다. 세버슨은 원리 윤리학의 방법으로 '사실의 수집', '도덕적 딜레마의 확인', '도덕적 딜레마의 평가', '판단의 공적 검사'로 이루어진 4단계 방법을 제시한다. 그리고 정보와 관련된 도덕적 딜레마를 평가하는 정보 윤리학의 원리로서 '지적 재산권 존중', '프라이버시 존중', '공정한 표시', '해악 금지'의 네 가지 원리를 제시하고, 각각의 원리들의 윤리학적 함축을 네 개의 장으로 나누어 상세하게 논의하고 있다.

'지적 재산권 존중의 원리'는 정보 관련 제품의 개발자나 아이디어 창안자를 보상하고 정보의 공정한 이용을 가능하게 해주는 윤리학적 원리로서, 지적 재산권 법과 상식적 도덕의 격차를 줄이는 역할을 한다. '프라이버시 존중의 원리'는 자기 결정과 자아 정체성을 보호하기 위해서 그리고 건전한 작업장 문화를 확립하기 위해서 정보화로 인해 위기에 처해 있는 프라이버시를 보호할 것을 요구한다. '공정한 표시의 원리'는 정보 산업 분야에서 판매자와 고객의 관계를 규제하는 윤리학적 원리로서 판매자들이 도덕적 존중과 책임을 가지고 고객을 대할 것을 요구한다. '해악 금지의 원리'는 해킹, 컴퓨터 범죄, 불공정 경쟁 등을 규제하는 윤리학적 원리로서 '피해를 주지 말 것'을 요구한다.

　평소 절친한 대학 선후배 사이로서 정보 윤리학의 중요성에 대한 깊은 관심을 공유하고 있었던 역자들은, 일반인들에게 정보 윤리학의 개요를 알기 쉽게 설명해주고 있는 이 책을 함께 번역하기로 결정하였다. 특히 대학의 교양 과정이나 컴퓨터 학과의 커리큘럼에서 정보 윤리학이 소홀하게 다루어지고 있는 우리의 현실에서 볼 때, 이 책은 논술을 준비하는 고교생들의 참고 도서로서, 대학생들의 윤리 교양 교재로서 그리고 컴퓨터 관련 학과의 윤리학 전공 교재로서 손색이 없다. 특히 정보 윤리학의 네 가지 원리를 구체적인 사례를 들어 알기 쉽게 설명해줌과 동시에 우리가 더 생각해볼 문제들을 각 장의 말미(☞ *더 생각해보기*)에 제시해두고 있는 이 책은 정보 윤리학에 대한 우리의 기초 소양을 높여주기에 충분하다.

　정보 기술이 가져다주는 생활의 편리함과 복잡함 속에서 우리가 도덕적 행위자가 되기보다는 도덕적 관객이 되려는 유혹에 빠지고 있다는 저자의 지적은 우리가 깊이 생각해보아야 할 문제다. 끝으로 어려운 출판 여건 속에서도 흔쾌히 출판에 동의해준 <철학과현실사>에 깊이 감사드리며, 이 책이 아직 걸음마 단계에 있는 우리나라의 정보 윤리학 논의를 위한 초석이 되기를 기대해본다.

2000년 2월,
추병완 · 류지한

차 례

차 례

§

제 1 장

원리 윤리학 입문

『종의 기원』을 출판하기 30여 년 전에 다윈(Charles Darwin)은 비글호를 타고 5년 동안 무보수 박물학자로서 남아메리카 연안을 탐험하였다. 고된 여행 — 고립감, 육체 노동, 색다른 종과 지질층과의 풍부한 접촉 — 은 다윈이 유능한 관찰자 및 작가로 변신하는 데 큰 도움을 주었다. 남아메리카의 남단에는 티에라 딜 후에고(Tierra del Fuego)라는 지명을 가진 커다란 섬이 있었다. 티에라 딜 후에고는 원래 '불의 땅'이라는 뜻이다. 다윈이 그 섬에 도착했을 당시, 그 섬은 숲이 울창하였고 날씨는 춥고 구름이 많았으며, 원주민들이 드문드문 살고 있었다. 다윈은 자신의 회고록에서 그 섬의 사람들과 몇 차례 만났던 일을 밝히고 있다. 다윈은 원주민들이 유럽에서 찾아온 자신들에 대하여 관심을 가졌던 사항들과 관심을 가지지 않았던 사항들에 대해 무척 놀랐다. 원주민들은 다채로운 유럽인들의 복장과, 모선(母船)으로부터 해안까지 이동하는 데 사용되었던 노를 젓는 보트에 대해 큰 관심을 보였다. 다윈은 노를 젓는 보트가 원주민들이 사용하고 있었던, 속이 패인 통나무배와 거의 같은 크기라는 사실을 알아차렸다. 그러나 원주민들은 바다 한가운데에 정박하고 있던 커다란 항해 선박에 대해서는 전혀 관심을 나타내지 않았다. 그 배는 그 섬의 일상 세계로부터 너무나도 멀리 떨어져 있는 것이었기에, 원주민들이 배의 목적에 대해 생각할 수 있는 방도가 없는 것처럼 보였다. 자신들의 세계에 그렇게 커다란 배가 있을 수 있다고는 생각조차 할 수 없었기 때문에, 원주민들은 그 배가 마치 존재하지 않는 것처럼 행동할 수밖에 없었던 것이다.[1]

컴퓨터 기술을 현대판 비글호로 생각하는 것이 적절한 것처럼 보인다. 우리들 가운데 일부는 컴퓨터를 회피하거나 정보 시대를 과대 선전하는 사람들을 조롱함으로써, 그 섬의 원주민들처럼 행동하려는 유혹을 받고 있다. 회의적인 입장을 취하는 것은 유익하면서도 참신한 것이 될 수 있다. 그러나 우리 모두는 결국 유능한 컴퓨터 사용자가 될 것이다. 현금 자동 지급기, 자동화된 도서 목록, 전자 우편은 너무 편리한 것이기 때문에 우리가 결코 쉽게 무시할 수가 없다. '인터넷이 어떻게 작동하는가?'라는 질문은 「스타 트렉(Star Trek)」을 보면서 자란 세대에게는 그리 걱정스러운 질문이 아니다. 우리는 끊임없이 변하고 있는 우리 사회에

---

1) Darwin, *Voyage of the Beagle*, 217.

서 다윈 시대의 노를 젓는 보트처럼 기능하고 있는 이국적인 새로운 기술들을 생각하는 방법을 알고 있다.

우리는 인간의 행위를 지배하는 데 사용되어 왔던 자연의 리듬으로부터 아주 멀리 떨어져 있는 전자 세계에 익숙해졌다. 해가 지고나면 전깃불이 우리에게 잠자리에 드는 것 대신에 다른 일을 할 수 있는 많은 선택권을 제공해주고 있다.[2] 전화와 텔레비전은 영원히 외래적인 것으로 남아 있던 문화와 장소들 사이에 즉각적인 친밀감을 만들어내었다. 1991년에 다국적군이 바그다드를 야간에 공습하는 장면을 보도한 CNN은 전자 미디어가 물리적 거리라는 오래된 장벽을 어떻게 극복하는지를 생생하게 보여준 대표적인 사례다. 정보와 상업에 관한 규제가 없는 통로로서의 컴퓨터 네트워크는 이제 국경선의 온전함과 의미를 위협하고 있다.

전자 시대가 가져다주는 혜택과 이로움은 부정할 수 없는 사실이다. 그리고 우리가 더욱더 기술에 의존하고 있다는 것도 사실이다. 기술에의 의존성은 인간 생활을 끝없이 복잡하게 만들고 있다. 복잡함은 전자 세계 속에서의 삶에 대하여 우리가 깊이 생각하지 못했던 결과다. 복잡함은 우리

---

2) Kohak, *Embers and Stars*, 1-26. 코핵은 전자 기술에 의한 지배를 받고 있는 세계 속에서의 삶의 결과들에 대하여 성찰하고 있다. 그는 전깃불이 우리의 생활 경험으로부터 밤하늘을 내쫓았으며, 그 결과 우리의 도덕적 능력을 약화시키고 있다고 주장한다. 내가 여기서 코핵의 저서를 언급하는 이유는, 우리에게 도움을 주기 위하여 고안된 기술들이 어떻게 우리를 다양한 방식으로 변화시키고 있는지에 대하여 우리가 심각하게 생각하고 있지 않다고 느꼈기 때문이다. 기술 혁신이 가져온 많은 해로운 결과들에 대한 최근의 논의를 참고하기 위해서는 테너가 쓴 『*Why Things Bite Back*』을 읽어보기 바란다.

의 사고 방식을 비롯한 우리 생활의 모든 측면에 잠입하고 있다. 전자 시대는 모든 것을 복잡하게 만드는 경향성이 있다. 우리는 손가락으로 웹 사이트를 여행할 수 있는 전자 세계에 살고 있기 때문에, 검색을 중지하고 결론을 내리는 방법을 모르고 있다. 국가적 '질서'에 대한 어떤 감각을 유지하기 위하여 연방 정부에 의해 새로 공포되고 있는 수백만 페이지 분량의 법률들을 생각해보라. 최근에 뉴욕의 한 변호사는 너무나 많은 법률들이 어떻게 미국인들을 죽이고 있는가를 다룬 책을 쓴 바 있다.[3] 그는 우리가 상식을 잃어버리고 있다고 주장하고 있는데, 나도 그 점에 동의한다. 후에고 섬 주민들은 아주 단순한 세계 속에서 살았기 때문에 복잡한 침해를 생각하는 데 어려움이 있었던 반면에, 우리는 복잡한 세계 속에서 살고 있기 때문에 삶을 의미 있게 만들어주는 단순한 진리들을 파악하는 데 어려움이 있다.

우리가 무시하는 경향이 있는 그 커다란 배는 컴퓨터 기술이 아니라 바로 우리 자신의 도덕적 나침반이다. 도덕은 선한 것과 그렇지 않은 것을 우리가 결정할 수 있도록 해주기 때문에 우리의 삶의 방향을 지시해준다. 도덕은 우리가 양육과 문화로부터 얻게 되는 신중한 관행이다. 우리의 도덕적 양육에서 가장 중요한 부분은 우리로 하여금 선한 것과 옳은 것에 대하여 반성하도록 이끌어주는 '양심' 혹은 '내면의 목소리'의 발달이다. 그러나 우리가 멈추어 서서 귀를 기울이지 않는다면, 도덕과 양심은 적절하게 기능할 수 없

---

3) Howard, *Death of Common Sense*, 1-53.

다. 지나친 기술에 대한 의존성과 복잡성이 야기하는 문제는 바로 이런 것이다 : 우리는 너무 바쁜 나머지 우리의 마음을 혼란시키는 무수히 많은 것들로 우리의 인생을 채워놓음으로써, 조용히 앉아 생각해보는 것이 얼마나 중요한 것인지를 잊고 있다. 조용한 방안에 혼자 있게 된 여러분을 발견할 때 이상하다고 느끼지 않는가? 만약 여러분이 나와 같은 처지라면, 여러분의 삶은 혼잡하고 바쁜 것이다 : 나는 대개 아침 식사를 하면서 신문을 읽고, 출근하는 차 안에서 라디오를 듣고, 운동을 할 때 휴대용 CD 플레이어를 통해 음악을 듣고, 야간에는 휴식을 취하면서 텔레비전을 본다. 내가 깨어 있는 매 순간마다 해야 할 것이 너무 많기 때문에 숙고(반성 : reflection)의 기회는 거의 없다. 하지만 어떻게 하면 선한 사람이 될 수 있는지 그리고 왜 선한 사람이 되어야 하는지에 대하여 반추해보는 것은 인간의 경험에서 아주 본질적인 부분이다. 조용한 숙고의 시간을 가질 수 없다면 어떻게 내가 양심의 소리에 귀를 기울일 수 있겠는가?

만약 우리가 우리의 삶에 의미와 방향을 제시해주는 도덕적 숙고(moral reflection)를 계속해서 묵살한다면, 궁극적으로 아주 부정적인 영향을 초래하게 될 것이라고 나는 믿고 있다. 이런 점에서 나는 우리가 상상할 수 없는 것만을 우리에게 이해시키는 모종의 저속한 오락으로 우리의 도덕을 떨어뜨리고 있는 허위적인 전자적 친밀감의 세계를 만들어내었다는 『타임지』의 기사 내용에 전적으로 동의한다.4) 달리

---

4) Morrow, "Yin and Yang, Sleaze and Moralizing," 158.

말해, 우리는 우리를 마비시키는 일상 뉴스의 엄청난 흐름을 헤쳐나가기 위하여 다음 번 심슨(O. J. Simpson) 재판이나 베어링스은행의 조업 정지 소식을 기다리는 가운데 쉽게 지루해 하는 도덕적 관객이 되려는 경향이 있다. 우리는 도덕적 행위자가 되려는 경향성을 점차 상실해가고 있다. 우리가 우리의 도덕적 자아가 되는 것을 잊게 될 때 우리는 공동체 의식과 공유된 책임감을 상실하며, 삶이 우리 뜻대로 되지 않을 경우 다른 사람을 탓하기 시작한다.

나는 이 책이 기술에 의해 지배되는 바쁜 세계 속에서 여러분이 도덕적 숙고를 위해 보다 많은 시간을 할애하도록 여러분을 설득할 수 있기를 바란다. 도덕적 나침반은 원기를 유지하기 위하여 자주 운동을 해야만 하는 우리의 근육 상태와 같은 것이다. 자신의 육체적 건강에 대해 무관심한 것처럼, 자신의 도덕적 복리에 대해 무관심하기가 아주 쉽다. 육체적 혹은 도덕적 운동을 무시하는 것 때문에 나타나는 곤경의 징후를 정확하게 지적하는 것은 어려울 수도 있다. 하지만 심장병이나 민사 소송의 증가와 같은 추세를 파악하는 것이 어렵지는 않다. 도덕적 삶은 교육을 필요로 한다. 특히 우리의 마음을 쉽게 어지럽히는 것들이 많은 지금과 같은 시점에서는 더욱 그렇다. 나는 이 책을 통해 윤리학이 우리의 도덕적 책임을 어떻게 제 궤도에 올려놓을 수 있도록 도와주는지를 보여줄 것이다. 섬 주민들이 비글호로 대변된 새로운 문화가 궁극적으로 자신들의 고유 문화를 압도하게 될 것이라는 사실을 깨달았을 때는 이미 시기적으로 너무 늦었다. 나는 도덕적 나침반이라는 '보이지 않는 배'를 우리가 계속해서 무시하지 않기를 바라고 있다.

1. 도덕과 윤리학

대부분의 사람들은 *도덕(morality)*과 *윤리학(ethics)*을 상호 교환적으로 사용하고 있다. 충분히 수용될 수 있는 것이기는 하지만, 내가 보기에는 오히려 그것이 윤리학의 목적에 대한 혼동을 일으키고 있다. 내가 암시했던 바와 같이, 도덕은 우리가 교육으로부터 얻는 양심 및 옳음과 그름에 대한 감각과 관계된다. 도덕은 아주 개인적인 것이며 종종 본능적으로 기능을 한다. 내가 지금 음반 가게에 있는데 점원이 잠시 자리를 비웠다고 가정해보자. 그럴 경우, 나는 찾던 CD를 주머니에 넣어 가게문을 나서려는 유혹에 빠질 수 있다. 그 가게에는 전자 경보 장치가 없기 때문에 좀도둑질을 하다가 붙잡힐 위험이 아주 작다고 생각해보자. 그러면 어떤 일이 생기겠는가? 나의 양심이 발동하여 CD를 훔치는 것은 잘못이라고 나에게 말해준다. 나의 양심에 주의를 기울이는 가운데, 나는 점원이 돌아올 때까지 기다리기로 마음을 먹는다. 이것은 반사 작용처럼 거의 자동적으로 일어나는 아주 전형적인 도덕적 경험이다. 한편, 윤리학은 더욱 구조화되어 있으며 깊이 생각하는 것이다. 윤리학은 도덕적 생활에 대한 모종의 비판적 사고다.

정상적인 경우에 우리의 도덕은 아무런 문제없이 잘 기능한다. 도덕의 안내와 경고 표시(양심의 목소리, 죄책감 혹은 불안감, 옳고 그름에 대한 즉각적인 확신)는 대개 우리의 선함을 보장해주기에 충분하다. 문제는 우리의 도덕적 본능이 새롭고 복잡한 상황에서는 제대로 기능을 하지 못한다는 점이다. 피아노를 연주하는 것과 마찬가지로 우리의 도덕은 습관과 실천에 의존하고 있다. 훌륭한 피아니스트가 되기 위하여 나는 매일 연습하는 습관을 계발해야만 한다. 훌륭한 도덕적 행위자가 되기 위하여 나는 좋은 습관을 계발하고 실천해야만 한다. 만약 내가 젓가락 행진곡이나 그 밖의 간단한 멜로디만을 연습한다면 어떻게 되겠는가? 내가 아무리 피아노 연습을 많이 한다고 해도, 바하의 협주곡을 연주하지는 못할 것이다. 왜냐 하면 바하의 협주곡은 보다 높은 수준의 경험과 능력을 요구하는 것이기 때문이다. 이러한 난이도 수준 차이가 도덕 생활에서도 그대로 나타난다. 나의 피아노 연주 경험과 바하의 협주곡을 연주하는 데 필요한 경험 사이의 차이를 극복하기 위해서는 지도자나 교사가 반드시 있어야만 한다. 이것은 도덕의 경우에도 마찬가지다. 윤리학은 우리가 이전의 도덕적 경험 수준을 무색하게 만드는 복잡한 상황에 직면하게 될 때 우리의 도덕을 위한 길잡이가 된다.

윤리학은 도덕 생활에 관한 사고의 훈련을 하도록 해줌으로써, 우리의 (도덕적) 본능이 부담을 느낄 때 우리가 마땅히 해야 할 바를 결정하도록 해줄 수 있다. 첨단 장비를 갖춘 병원에서 일어났던 일을 생각해보자. 새로운 의료 기기와 약은 우리가 통상적으로 자연사라고 생각했던 지점(호흡과 심장 박동 정지)을 넘어서서 사람들의 생명을 유지시켜줄 수 있다.

생명을 지속시켜주는 기술들이 오용되었을 경우에는, 생명을 위해 싸우는 정상적인 도덕적 본능(moral instinct)이 부담스러운 것이 되고 심지어는 우스꽝스러운 것이 된다. 우리는 언제 생명을 구하는 모든 가용한 수단을 중지하고, 환자로 하여금 존엄한 죽음을 맞을 수 있게 해야 하는가? 이것은 기술 혁신이 어떻게 해서 우리의 도덕적 경험을 앞서는 새롭고 더욱 복잡한 세계를 만들어내었는지를 보여주는 아주 극적인 사례다. 지난 몇십 년간 생명 의료 윤리학자들은 의료 전문인들이 치료를 위한 선택권에 대하여 환자나 환자 가족들과 상담할 때 참조할 수 있는 간단한 윤리학적 원리들의 목록을 개발해내었다.5) 나는 정보 기술이 한 세대 전의 병원 상황과의 유추가 적절하다고 여겨지는 지점까지 발전해왔다고 믿고 있다.

건강 보호에서의 도덕적 위기에 관한 초기의 상징적인 사건은 1975~1976년에 널리 보도된 바 있는 퀸란의 비극적인 이야기다. 21세 때 생명을 위협하는 사건에 휘말리게 되었던 퀸란은 깊은 혼수 상태에 빠졌기 때문에 호흡하기 위하여 인공 호흡 장치를 사용해야만 했다. 그녀의 부모들은 인공 호흡 장치를 제거하여 퀸란이 자연사를 할 수 있도록 해 달라고 요구하였다. 그러나 의사들은 그 제안을 거절하였다. 의사들은 인공 호흡 장치를 제거하는 것은, 생명을 보호하고 환자를 죽음에 처하게 할 수 있는 행동을 해서는 안 되는

---

5) Beauchamp and Childress, *Principles of Biomedical Ethics*, 3-24. 이 책에서 저자들은 생명 의료 윤리의 네 가지 기본 원칙을 제시하고 있다 : 자율성, 해악 금지, 선행, 정의.

의사들의 윤리적 의무에 위배되는 것이라고 믿고 있었다. 지방 병원은 의사들의 의견을 지지해주었다. 그러나 뉴저지 대법원은 환자측의 견해를 지지해주었다. 아이러니컬하게도 인공 호흡 장치가 제거된 후에 퀸란은 스스로 호흡할 수 있었으며, 혼수 상태 속에서 9년 이상을 더 살았다. 이러한 가슴 아픈 사례는 '타인에게 해로움을 끼쳐서는 안 된다'는 고대의 도덕적 원리—수백 년 동안 의사들을 지배했던 원리—가 의료 관행에서 더 이상 충분한 것이 아니라는 사실을 우리로 하여금 인식하게 해주었다. 새롭고 비싼 기술들 때문에 다른 고려 사항들도 마찬가지로 중요하다. 예를 들어, 생명을 구하는 조처들을 거부하고자 하는 환자들의 프라이버시와 자율성을 존중해야만 한다. 우리는 또한 생명을 유지하려는 의사의 요구를 충족시키기 위하여 엄청난 비용이 소모되어야만 할 때 개인과 사회에 얼마만큼의 선이 주어질 수 있는지를 결정해야만 한다. 생명 의료 윤리학자들은 첨단 기술의 건강 보호와 관계가 있는 경쟁적인 도덕적 이해 관계들을 지적하려는 시도를 하고 있다. 이제는 '해를 끼치지 않는다'는 단 하나의 규칙 혹은 원리만을 고수하는 것이 너무나도 단순한 것이 되어버렸다.

퀸란의 경우가 생명 의료 윤리학자들에게 중요했던 것처럼, 정보 윤리학에서도 그와 유사한 몇 가지 사례들이 있었다. 1988년에 코넬대학교의 로버트 모리스는 벌레 프로그램을 만들어 인터넷의 상당 부분을 무력하게 만들었다. 추측하건대 그의 행위가 발각되기 전에 6000대 이상의 컴퓨터가 바이러스에 감염되었다.[6] 모리스는 대학의 학문적 행동에 관한 규약을 위반했다는 이유로 정학 처분을 받았다. 그러한 처벌은 아주 경미한 것이었다. 그럼에도 불구하고 그 사건은 컴퓨터 네트워크에 대한 도덕적 지침의 필요성에 대한 관심을 불러일으키는 데 도움을 주었다. 그런가 하면 이란에 대한 불법 무기 판매와, 계속해서 니카라과 반군에 대한 측근의 파견과 관련된 전자 우편을 지웠던 노스 대령의 사례도 있다. 레이건 행정부 아래서 일했던 노스 대령은 포인덱스터 제독과 다른 사람들에게 자신의 은밀한 행동에 관한 메시지를 전자 우편으로 보냈다. 노스와 포인덱스터는 삭제 키를 누르는 것이 둘 사이의 모든 전자 우편 거래 사실을 지워버릴 수 있다고 생각했다. 그러나 결과는 그렇지 않았다. 노스의 전자 우편 계좌의 백업 파일들이 복원되어 법정에서 증거로 사용되었다. 이 사건은 전자 우편에 관한 소유 문제에 관심을 갖게끔 해주었다. 전자 우편은 통신인들의 사적 소유물인가? 아니면 그러한 시스템을 가능하게 해주는 사용자의 소유물인가?

1996년에 부다 제독의 의외의 자살 사건은 특히 퀸란의

---

6) 역주 : 1988년 11월 2일 수요일 저녁 6시경에 컴퓨터 벌레가 펜실바니아의 한 시스템에서 발견되었다. 벌레는 무수히 많은 연구 기관과 대학 시스템들을 연결하는 인터넷을 통해 증식되고 있었다. 밤 10시 무렵 벌레는 미국에서 가장 빠르고 정교한 시스템 가운데 하나인 바넷(BARnet)까지 감염시켰다. 다행이 48시간 이내에 벌레의 퇴치 방법이 알려져 위기를 넘길 수 있었다. 범인은 코넬대학교 대학원에서 컴퓨터 과학을 전공하던 모리스 2세(Robert T. Morris, Jr.)였다. 모리스는 그의 무책임한 행동 때문에 대학으로부터 정학 처분을 받았고, 1990년 1월에는 재판에 회부되었다. 모리스는 유죄가 인정되어 집행 유예 3년에 벌금 1만 달러, 그리고 400시간의 공공 봉사 명령을 받았다.

경우와 유사한 점이 많다. 왜냐 하면 부다 사건은 '죽음'과 '죽이는 것'에 대한 우리의 지각과 관련되어 있기 때문이다. 미국 해군의 최고 자리에 있었던 그가 그러한 방식으로 삶을 마감하게 된 데에는 여러 가지 많은 이유가 있었음에 틀림없다. 그가 두 개의 자살 관련 메모에서 구체적으로 밝힌 것 가운데 하나는 언론이 월남전에서 그가 받은 훈장에 대해 보여준 부정적 관심이었다. 언론은 그가 '전투 V 훈장'을 달 수 있는 자격이 있는지를 의심했다. 부다의 죽음에 대하여 언론을 비난하는 것은 불공정한 것이다. 그러나 우리는 우리 사회에 종종 만연하고 있는 '면전에서의 성급한 판단'에 대하여 생각해보아야만 한다. 뉴스는 이제 더 이상 뉴스가 아니다. 뉴스는 다른 오락물이나 연예 사건들과 경쟁을 해야만 한다. 정보 사회에서 평범한 이야기는 어느 정도 선정적으로 보도하지 않는 한 범람하는 경쟁적 이야기들을 물리칠 수 없다. 아프리카의 한 마을에서 한 아이가 굶어죽을 때, 전세계는 텔레비전을 통해 그 장면을 볼 수 있다. 어느 윤리 해설자에 의하면, 모든 사건과 경험을 공적으로 상세히 보도할 수 있는 능력은 종종 참을 수 없는 도덕적 강도 (强度)의 상황을 만들어낸다고 한다.[7] 나는 부다의 일상적인 도덕감이 첨단 기술을 갖춘 언론 보도의 결과로 말미암아 비현실적인 강도와 책망으로 치달았다고 믿고 있다. 나는 도덕 생활에 대한 훈련된 사고로서의 윤리학이 우리로 하여금 삶이 지나칠 정도로 거세지게 될 때 도덕적 균형감

---

7) Kidder, "Tough Choices", 30.

각을 회복할 수 있도록 도와준다고 말하고 싶다.

　사려 깊은 애도사를 통하여 에드니 제독은 미국인들이 토론하는 능력과 의견을 달리할 수 있는 능력을 상실하고 있다고 말한 바 있다.[8] 토론을 하려면 무엇보다도 예의가 바라야 한다. 예의는 우리의 사적인 도덕을 공적으로 표현하는 것이다. 예의는 우리가 공정하고, 우리와 의견을 달리 하는 사람들에게 관대할 것을 요구한다. 우리는 바로 그것을 결여하고 있다. 어떤 사람이 실수를 할 때 우리는 그 사람을 맹렬히 비난한다. 어떤 사람이 우리와 의견을 달리 할 때 우리는 고함을 지른다. 왜 이렇게 예의가 없을까? 거기에는 많은 이유가 있다. 그러한 이유들 가운데 하나는 바로 도덕적 배타성(moral exclusiveness)의 문제다. 도덕적 배타성은 어떤 것을 바라보는 방법이 단 한 가지밖에 없다고 믿는 습관을 뜻한다. 낙태 논쟁을 생각해보자. 낙태 반대론자들은 낙태 찬성론자들의 시위 행렬을 향하여 고함을 지르고 있다. 낙태 찬성론자들은 낙태 반대론자들의 시위를 향하여 역시 고함을 지르고 있다. 서로의 주장을 주의 깊게 경청하거나 공통 기반을 찾아보려는 시도를 하지 않고 있다. 예의의 또 다른 필수 조건은 선의지(good will)라는 측면에서 볼 때, 그러한 행위는 너무나 위험스런 것이다. 선의지를 갖는다는 것은 더 나은 주장이 제시될 때 기꺼이 양보한다는 것을 의미한다. 우리는 바로 그런 점을 결여하고 있다. 아마도 우리로 하여금 도덕적으로 우리를 움츠러들게끔 만드는 것은 바

---

8) Edney, "Lament fir a Shipmate", A19.

로 두려움이다 : 우리는 수용할 만한 대안이 무엇인지를 모르기 때문에, 우리 자신의 입장만을 고수하고자 한다. 우리는 자신의 의견을 행사하고 고수하려는 민주적 권한만을 소중하게 여길 뿐, 민주주의가 우리로 하여금 참된 대화에 참여하게 하고 우리를 설득시켜줄 더 나은 대안들을 허용할 것을 요구하고 있다는 사실을 잊고 있다. 그렇지 않을 경우에는 합의를 위한 능력이나 여지가 없어지게 된다. 합의를 위한 능력이야말로 민주주의를 제대로 작동하게 하고, 의사소통이 결여된 무정부로 타락하는 것을 막아주는 것이다. 우리는 완고한 도덕적 입장을 취하려는 좋지 않은 습관들을 지녀왔다. 우리가 그런 식으로 행동할 때, 그것은 어느 누가 무슨 말을 하든지 간에 우리는 우리의 의견을 바꾸지 않겠다는 메시지를 전해주고 있는 것이다. 이것이 바로 도덕적 배타성이며, 도덕적 배타성은 바로 우리의 예의를 파괴하고 있는 것이다.

더 많은 법률을 만들어내는 것은 도덕적 배타성을 더 악화시킬 것이다. 우리는 공정함과 선의지에 대한 우리의 감각을 회복하기 위하여 더 적은 외적 규제와 더욱 많은 내적 규제를 필요로 하고 있다. 우리의 도덕적 감수성은 어려운 문제들에 대한 용이하고 완고한 해답을 찾으려는 유혹과 맞서 싸우기 위한 예방 주사를 필요로 하고 있다. 윤리학은 그러한 예방 주사의 일종이다. 윤리학은 다음과 같은 것들을 가능하게 해준다.

▷ 윤리학은 우리의 도덕적 본능을 인도하고 교육하도록 도

와준다.
▷ 윤리학은 우리가 완고한 입장으로부터 벗어날 수 있도록 조종해준다.
▷ 윤리학은 우리가 말을 더욱 잘 하고 타인의 말을 더욱 잘 경청할 수 있도록 우리의 도덕적 언어를 개선시켜준다.

윤리학은 도덕을 위해 일한다. 윤리학은 도덕을 대체하는 것도 아니며, 도덕의 부재에 대한 대용물도 아니다. 우리는 한 가지 이유 때문에 윤리학에 의존한다 : 윤리학은 우리의 도덕이 더욱 유능한 것이 될 수 있도록 만들어주기 때문이다.

2. 원리는 규칙이 아니다

도덕적 숙고는 명상이나 청취처럼 내성 혹은 자기 반성(introspection)의 한 형태다. 우리가 살고 있는 바쁜 일상을 고려해볼 때, 조용한 청취를 위한 시간을 마련하는 것이 필수적이다. 그러한 시간은 우리가 우리의 인생과 행복에 대해 가지고 있는 양심이나 진심에서 우러나오는 본능과 접할 수 있게 해준다. 그러나 도덕적 숙고만으로는 우리가 정보시대의 복잡한 문제들에 대처해나가는 데 결코 충분하지가 않다. 우리는 또한 도덕적 숙고에 비하여 덜 개인적이고 더욱 실천적인 윤리학적 숙고의 도움을 필요로 한다.
윤리학적 숙고가 해결해야 할 실천적 문제는 우리의 도덕을 후원하여 정보 기술이 야기하는 새로운 도전들을 우리가 더욱 잘 다룰 수 있도록 해주는 것이다. 일상적인 도덕을 향상시켜주는 이러한 과제에 도움이 되는 많은 윤리 이론과 서적들이 있다.9) 그러나 윤리학과 관련된 기술적 언어나 이론은 최소 한도로 하는 것이 좋다. 우리가 필요로 하는 것은 우리의 도덕에 충분하게 통합될 분명하고 간단한 것들이다. 윤리학은 도덕을 위한 것이어야만 한다. 그렇지 않으면 윤리학은 말장난에 그치고 만다. 여기서 나는 생명 의료 윤리학자들의 본보기를 따르려 한다. 그것은 내가 앞에서 여러분에게 소개했던 원리에 입각한 윤리적 숙고 형식을 통하여 어느 정도 제시된 바 있다.

원리란 무엇인가? 정보 윤리학의 네 가지 원리들을 소개하기에 앞서서, 원리의 본질에 대하여 간략하게 생각해보는 것이 도움이 되리라 생각한다. 원리는 우리의 행동을 위한 지침(guideline)이다. 원리는 실천적인 지식과 경험의 총화를 나타내는 것이다. 좋은 충고와 마찬가지로 원리는 결정적인 요점이 된다. 원리는 종종 한 문장 혹은 한 단어로 표현된다. "정의"가 바로 그 예다. 정의는 우리 사회의 가장 결정적인 측면들 가운데 하나로서, 동등한 대우와 모든 사람을 위한 기회를 보장해주는 미국 헌법의 지혜를 요약하고 있는 것이다. 만약 내가 일상 생활에서 행동하기 전에 나의 결정 사항이 정의에 대한 나의 의무를 확실하게 존중할 수 있도록 그러한 결정 사항을 통상적으로 검증해보는 습관이 있다면, 나는 원리를 중시하는 삶을 살고 있는 것이다. 원리에 입각하

---

9) 이 책의 말미에 제시된 참고 문헌들을 참조하라. 특히 아리스토텔레스, 요나스, 칸트, 코핵, 밀, 누스바움, 롤즈의 이론에 주목하라.

여 산다는 것은 '보다 나은 그 무엇'을 위하여 나의 본능과 행위에 영향을 미칠 수 있는 어떤 간략하게 진술된 지침들을 내가 중시하며 살고 있다는 것을 의미하는 것이다.

원리는 이전의 경험들을 통찰력 있는 방식으로 요약한 것이다. 여러분이 시험을 보는 일로 어려움을 겪는 사람들 가운데 한 사람이라고 가정해보자. 여러분은 열심히 공부를 했으며, 특히 필기한 내용을 잘 암기했으나 막상 시험을 잘 보지는 못했다. 어떤 사람은 긴장을 풀기 위해 기분 전환을 실시해보라고 여러분에게 조언해줄 수 있다. 그리고 그것이 어느 정도 도움이 된다. 놀랍게도 여러분이 별로 공부를 하지 않은 시험에서 A를 받았다고 생각해보자. 그러면 여러분은 지금까지 시험 준비를 위해 너무 많은 시간을 허비했다는 생각을 하게 된다. 따라서 이제는 지치고 싫증이 날 때까지 공부를 하는 것 대신에 생기를 유지하며 자주 휴식을 취하는 것이 좋다는 생각을 하게 된다. "너무 열심히 시험 공부를 하지 마라"는 여러분이 결정할 하나의 원리가 된다. 그 원리는 시험을 치르는 것을 통하여 여러분이 힘겹게 얻은 하나의 교훈이다.

원리는 융통성 있는 지침이다. 원리의 장점 가운데 하나는 간결함이다. "너무 열심히 시험 공부를 하지 마라"는 시험을 치르는 것에 대한 힘겨운 교훈으로부터 얻어진 지혜를 나타내주지만, 주어진 상황에서 무엇을 해야 할 것인지를 위한 하나의 공식을 자세하게 설명해주지는 않는다. 달리 말해, 원리는 규칙이 아니다. 규칙은 언제 어디서 무엇을 해야 할 것인지에 대한 더욱 구체적인 가르침을 포함하고 있다. 만약 여러분이 10대에게 "밤 11시까지 집에 돌아오기를 바란다"고 말한다면, 그것은 하나의 규칙이다. 몇 시에 집에 돌아올 것인지에 대한 "현명한 판단을 하라"고 여러분이 10대에게 말하는 것은 하나의 원리적인 접근이다. 10대들의 통행 금지 시간 경우에서는 규칙이 더욱 적절하다. 윤리학적 숙고에는 원리가 규칙들보다 더 적절하다.

　어느 특수한 상황(다음 주의 화학 시험)에 대하여 "너무 열심히 시험 공부를 하지 마라"와 같은 하나의 원리를 적용하기 위해서는 판단이 필수적으로 요청된다. 여러분은 얼마나 오랜 시간 동안 공부하는 것이 적절한지를 결정해야만 한다. 그렇게 하려면, 여러분은 얼마나 많은 자료를 읽을 것인지, 얼마나 많은 쪽수의 노트 필기 내용을 복습할 것인지, 다른 과목을 위해서는 얼마나 많은 시간을 투자할 것인지에 대한 정신적 목록을 만들어야만 한다. 원리를 적용하는 것은 깊이 생각하는 과정이다. 궁극적으로는 폭넓은 원리를 특정한 상황에 어떻게 적용할 것인지에 대한 개별적인 판단이 이루어져야만 한다. 한편, 규칙을 적용하는 것은 깊이 생각하는 과정이 아니다. 규칙이 지닌 매력들 가운데 하나는 판단의 필요성을 유보한다는 것이다. 만약 여러분이 11시까지 집에 돌아와야만 한다면, 그것에 대하여 더 이상 생각할 것이 없다. 규칙은 우리로 하여금 생각하거나 힘겨운 결정을 내리는 것을 피할 수 있게 해주지만, 한편으로는 우리를 융통성이 없거나 생각이 없는 사람으로 만드는 경향이 있다. 앞서 내가 이야기했던 바와 같이, 만약 우리가 우리의 도덕에 대해 더욱 단호해지고 있다면, 아마도 그 이유는 우리가 도덕적 원리들을 엄격한 규칙들로 바꾸어버렸기 때문일 것이다. 모든 문제에 대하여 법률적인 해결책을 찾는 것을 선호하는 우리 사회와 같은 곳에서 그것은 충분히 이해할 수 있는 하나의 실수다. 법률은 점점 더 원리보다는 규칙과 유사한 것이 되고 있다.10)

정보 시대의 건전한 도덕적 교훈은 네 가지의 도덕적 원리들로 대변될 수 있다. 이 책의 목적은 이러한 원리들 각각의 이면에 놓여 있는 경험과 지혜를 여러분이 전용하는 것을 도와주는 데 있다. 그러한 경험과 지혜를 여러분 자신의 것으로 만드는 것은 첨단 정보 기술 문제를 해결할 수 있는 여러분의 능력을 고양시켜줄 것이다. 이러한 원리들 각각은 다음 장부터 독립적인 주제로 다루어질 것이다. 덧붙여, 부록은 다음 장부터 소개되는 원리 윤리학(principled ethics)의 간단한 방법들을 실천해볼 수 있는 몇 가지 사례 연구들을 제공해주고 있다.

[표 : 1-1] 정보 윤리학의 기본 원리

1. 지적 재산권 존중
2. 프라이버시 존중
3. 공정한 표시
4. 해악 금지(혹은 피해를 주지 않는 것)

---

10) 하워드는 『상식』이라는 그의 책에서 우리가 판단의 행사 가능성을 방해하는 규칙과 같은 법률들에 우리의 사람을 내맡기고 있기 때문에 원리적인 판단 형식으로서의 상식이 죽어가고 있다고 개탄한 바 있다. 그는 법률은 규칙과 같은 것이 되어서는 안 되며, 원리에 바탕을 둔 것이 되어야만 한다고 주장한다.

3. 단순한 사람이 하는 것이 단순한 것이다

영화 「포레스트 검프」는 진정한 단순성은 심오함과 동일한 것이라는 교훈을 우리에게 가르쳐주고 있다. 포레스트 검프는 항상 자신의 주변에서 일어나는 것들에 대한 세부 사항들을 이해하지 못했다. 그러나 그는 대개 적절하게 반응하였는데, 그 이유는 그의 행동들이 도덕적 친절감 바로 그 자체에서 나온 것이었기 때문이다. 무엇보다도 제니와 댄 중위를 괴롭혔던 절망감으로부터 포레스트를 안전하게 보호해줄 수 있었던 것은 그의 어머니가 그에게 가르쳐준 이례적인 원리("인생은 하나의 초콜릿 상자다. 어리석은 사람이 하는 것이 어리석은 것이다")였다. 포레스트 검프 어머니의 원리를 다소 수정하여 나는 정보 시대의 복잡함에 대한 해답이 "단순한 사람이 하는 것이 단순한 것이다"라는 한 문장에서 발견될 수 있다고 주장한다. 여기에는 두 가지의 의미가 있다. 하나는 이 책에서 논의되는 것들과 같은 원리들에 의지함으로써 포레스트와 같은 도덕적 단순성을 계발하고 보호할 필요가 있다는 점이다. 둘째는 우리의 지도 원리가 마땅히 실생활의 활동들에 기반을 두어야만 한다는 점이다. 여기서 나는 정보 윤리학의 원리들을 여러분이 생활 속에서 직면하게 되는 도덕적 딜레마에 적용하기 위한 하나의 간단하면서도 아주 심오한 방법을 소개하려고 한다. 그러한 방법은 네 가지의 단계로 이루어진다.

[표 : 1-2] 원리 윤리학의 4단계 방법

> 1. 사실을 정확하게 수집한다.
> 2. 도덕적 딜레마를 확인한다(사실들을 자신의 도덕적 감정으로부터 검사한다).
> 3. 어느 쪽이 가장 많은 윤리적 지지를 확보하고 있는지를 결정하기 위하여 정보 윤리학의 원리들을 이용하여 도덕적 딜레마를 평가한다.
> 4. 자신의 해결 방안을 검사한다. 공적 검사(보편화 가능성 검사)를 견뎌낼 수 있는가?

첫 단계는 사실들을 정확하게 수집하는 것이다. 이것은 너무 뻔한 것이면서도 아주 중요한 것이다. 우리는 충분한 정보가 없이는 좋은 판단을 내릴 수가 없다. 두 번째 단계는 사실들을 여러분 자신의 도덕적 감정과 육감에 근거하여 검토해봄으로써 도덕적 딜레마를 식별하는 것이다. 여기서 딜레마라는 개념이 중요하다. 딜레마는 좋음 대 좋음 혹은 선 대 선이 갈등을 일으키는 경우다. 즉, 여러분이 동등하게 좋은 혹은 수용 가능한 선택들 가운데 어느 한 가지를 선택해야만 하는 경우다. 예를 들어, CD를 훔칠 것인가 혹은 훔치지 않을 것인가의 경우처럼, 우리의 일상적인 도덕적 선택들의 대다수는 상대적으로 해결하기가 아주 용이한 좋은 선택 대 나쁜 선택 간의 갈등을 포함하고 있다. 하나를 희생하여 다른 하나의 도덕적 입장을 수용해야만 하는 진정한 도덕적 딜레마를 해결하는 것은 상당히 어려운 일이다. 새로운 정보 기술의 복잡함 때문에 힘겹고 어려운 도덕적 딜레마들이 더욱 많아지고 있다. 우리가 윤리학을 필요로 하는 것도 바로 그 때문이다. 윤리학은 더욱 복잡한 문제들을 우리가 해결할 수 있도록 도와준다. 그러므로 세 번째의 단계는 도덕적 딜레마를 정보 윤리학의 네 가지 원리의 측면에서 평가하는 것이다. 그러므로 점수 계산표를 만들어 '선 대 선' 혹은 '좋음 대 좋음'의 갈등 속에서 각 원리를 어느 한쪽편에 할당하는 것이 큰 도움이 된다. 어느 쪽이 도덕적 우위를 지키고 있는가? 여러분은 어느 쪽이 더 많은 도덕적 지지를 얻고 있는지를 결정함으로써 도덕적 판단을 내릴 수 있다. 만약 우리가 따라야 할 의무를 가지고 있는 모든 원리를 항상 견지할 수 있다면, 그것은 하나의 이상 세계일 것이다. 불행하게도 우리가 살고 있는 실제 생활에서는 때때로 원리들 사이에서 선택을 해야만 한다. 원리 윤리학은 다른 원리들이 어떤 한 행동을 지지해주지 않는 한, 한 원리가 지배적인 것이 되지 않도록 해주는 관례를 조장해줌으로써 우리의 선택이 덜 고통스러운 것이 될 수 있도록 만들어준다. 끝으로, 네 번째의 단계는 다음과 같은 질문을 던져봄으로써 여러분의 해결 방안을 검사해보는 것이다: 나의 결정 혹은 행위가 모든 사람들이 볼 수 있도록 『뉴욕타임즈』에 보도될 경우에도 나는 여전히 그 결정에 대해 만족할 수 있는가? 나는 실제 사례를 논의함으로써 이러한 네 단계의 방법이 어떻게 작용하는지를 구체적으로 보여줄 수 있다.

1990년 4월 10일에 로터스 개발사(Lotus Development Corporation)와 이퀴팩스(Equifax)는 그들이 공동으로 개발하

고 있는 CD-ROM 제품을 판매하겠다는 의도를 공표한 바 있다.[11] 로터스는 로터스 1-2-3 스프레드시트(spreadsheet)로 널리 알려진 소프트웨어 회사다. 이퀴팩스는 미국의 3대 신용 정보사 가운데 하나다.[12] 그 두 회사가 함께 개발하고 있는 제품의 명칭은 'Lotus Marketplace : Households'였다. 그 제품은 다이렉트 메일(direct mail) 광고를 통해 소비자 기반 확대를 꾀하려는 중소기업을 겨냥한 것이었다.[13] 400달러 상당의 5000명의 명단을 추가적으로 덧붙여 준다는 조건 아래 그 제품의 가격은 695달러로 책정되었다. 그 명단은 대략 1억 2000명의 개인과 8000만 가구에 대한 인물 소개를 보유하고 있는 이퀴팩스의 소비자 마케팅 데이터베이스로부터 나오는 것이다. 그 제품의 인물 소개에 포함되어 있는 항목들은 이름, 주소, 성별, 나이, 결혼 여부, 구매 습관, 수입 수준이다. 또한 '도심에 살고 있는 독신'과 같은 생활 양식 정보도 포함되어 있다.

여러분이 오레곤주의 포틀랜드에서 소형 고급 자동차 판매점을 운영하고 있다고 가정해보자. 여러분은 695달러에 그 제품을 구입할 수 있으며, 그 결과 5000명에게 다이렉트 메일을 발송할 수 있다. 여러분이 가지고 있는 5000명의 명단은 여러분이 구체적으로 지시하는 인적 사항들과 결합될

---

11) Spinello, *Ethical Aspects of Information Technology*, 136-140 ; Mason, Mason, and Culnan, *Ethics of Information Management*, 9-11.
12) 다른 두 회사는 'TRW'와 'Trans Union'이다.
13) 다이렉트 메일이란, 회사나 백화점에서 직접 소비자에게 우송하는 광고 인쇄물을 뜻한다.

수 있다. 일례로, 40세 미만의 고객을 지정할 수 있다. 혹은 최소 소득을 연간 6만 달러로 지정할 수 있다. 혹은 오레곤주의 워싱톤 카운티, 클라카마스 카운티, 멀트노마 카운티로 지역을 지정할 수 있다. 혹은 호화 품목을 구입하는 경향성을 지정할 수 있다. 즉, 5000명의 명단 가운데 여러분이 지정하는 정보에 부합하는 인물 목록을 마음대로 찾을 수 있는 것이다.

1991년 1월 23일, 로터스와 이퀴팩스는 그 제품이 시장에 출하되기 전에 자신들의 계획을 철회하였다. 그들은 'Marketplace : households'라는 제품의 출하를 취소할 수밖에 없었다. 그 이유는, 수많은 사람들이 그 제품은 자신들의 사적인 프라이버시를 침해한다는 이유로 매사추세츠주에 있는 로터스 본사에 각종 항의 서한과 전자 우편을 발송했기 때문이다. 로터스사와 이퀴팩스는 그 제품의 개발 초기에 프라이버시 문제를 논의하기 위한 자문을 받은 바 있으며, 프라이버시를 보호하기 위한 방책을 그 프로그램 속에 포함시켰다. 예를 들어, 그 두 회사는 전화보다는 덜 침입적인 방식이라고 할 수 있는 우편에 의해서만 목록에 포함된 사람들에게 접근할 수 있도록 고객들의 전화 번호를 그 프로그램에 포함시키지 않았다. 덧붙여, 두 회사는 그 제품이 정당한 기업에게만 판매될 수 있도록 하였으며, 목록들 가운데 어느 이름에 대해서도 재판매를 하지 않도록 구매자로 하여금 주의 깊은 서류 계약서를 작성하도록 하였다. 소비자들은 자신의 이름을 목록에서 삭제할 수 있는 기회를 가질 수 있었다.

비판론자들은 이러한 보호책에 대하여 만족하지 않았다.

로터스사는 고객의 정보가 어떻게 재판매되지 않도록 할 수 있었는가? 그 제품을 구매한 사람들은 5000명의 목록에 대한 영원한 소유자가 될 수 있었을 것이다. 정보는 해가 바뀌어도 정확한 것일 수 있는가? 처음의 정보들은 정확한 것이었는가? 고객들은 이미 판매된 목록들로부터 자신들의 이름을 어떻게 삭제할 수 있었는가? 두 회사가 그 제품의 판매를 철회할 때까지 이러한 관심들이 끊이지 않았다. 판매 계획의 취소가 과연 최상의 도덕적 행동 방안이었는가? 우리는 원리 윤리학의 네 가지 방법들을 예증해보임으로써 이러한 질문들에 대한 해답을 제시하고자 한다.

첫 번째 단계는 사실들을 정확하게 수집하는 것이다. 여러분이 자신들에게 이런 질문을 해보는 것이 유익할 것이다 : 여기서 문제가 되고 있는 당사자는 과연 누구인가? 문제가 되고 있는 당사자들은 ① 그 제품을 생산하여 판매하고자 하는 회사들, ② 잠재적인 소비자들에게 값싼 비용으로 접근할 수 있는 중소기업들, ③ 자신들의 사적·개인적 정보가 판매되는 소비자들이다.

두 번째 단계는 여러분 자신의 도덕적 감정을 검사하는 것에 의하여 도덕적 딜레마를 식별하는 것이다. 내가 보기에 대부분의 미국인들은 이퀴팩스와 같은 신용 정보사가 사적인 정보를 수집하고, 그런 연후에 은행이나 다른 신용 기관이 개인에게 재정적 도움을 주기 전에 그 개인의 신용 기록을 알아볼 수 있도록 그 정보를 판매하는 것에 크게 개의치 않는 것처럼 보인다. 기업들은 자신들을 보호하기 위한 정당한 요구 사항을 가지고 있다. 그러나 잠재적으로 위험한 의사 결정에 정당하게 사용될 수도 있는 이러한 정보가 마케팅의 목적으로도 사용될 수 있는 것인가? 채무를 갚을 수 있는 누군가의 능력을 결정하기 위하여 신용 기록 보고를 검토하는 것과, 누군가가 여러분 회사의 제품을 구매할 성향이 있는지를 결정하기 위하여 신용 기록 보고를 검토하는 것은 전연 별개의 문제다. 첫 번째 경우, 고객은 거래를 개시하면서 최소한 자신의 신용을 조사해도 좋다는 무언의 허락을 한 셈이다. 두 번째 경우, 고객은 적극적인 역할을 수행하지 않았으며, 아마도 원하지 않는 고객 끌기에 자신을 내맡긴 셈이다. 나의 육감적인 반응에 의하면 바로 여기에 도덕적 문제가 있는 것이다. 로터스와 이퀴팩스사가 본질적으로 개인적인 신용 기록 보고를 광고 목적에 사용하는 것은 정당한 것인가? '좋음 대 좋음' 혹은 '선 대 선'의 갈등은 정당한 기업 관행(신용 보고와 광고)과 프라이버시 권리를 서로 맞붙여 경쟁하게 한다. 이상적으로 볼 때, 우리는 양쪽을 모두 지지하기를 바라지만, 이 경우에서는 그런 일이 일어나지 않는다.

　세 번째 단계는 정보 윤리학의 네 가지 원리들에 준해서 도덕적 딜레마를 평가하고, 어느 쪽이 도덕적 우위를 점하고 있는지에 대한 현명한 결정을 내리는 일이다. 여러분이 앞으로 이 책의 각 장을 읽다보면 이 문제에 대해 쉽게 이해할 수 있을 것이다. 여기서 나는 그 방법이 어떻게 작동하는지 간략하게 예증하려고 한다. 첫 번째 원리는 '지적 재산권 존중'인데, 이것은 미국 사회의 경우 우리가 아이디어나 발명으로부터 이윤을 얻는 관행을 소중하게 여기고 있다는 것을 알려준다. 이 원리가 로터스와 이퀴팩스사의 입장을 지지해주고 있다는 것은 아주 분명하다. 두 번째 원리는 '프라이버시 존중'이며, 이것은 미국 사회의 경우 우리가 자율성을 위한 개인적 욕구를 중시하고 있다는 것을 일깨워준다. 사실 자율성이란 타인들이 우리에 대하여 아는 것에 대한 어떤 통제력이 없이는 불가능한 것이다. 프라이버시 존중의 원리는 지적 재산권 존중의 원리가 회사의 입장을 지지해주고 있는 것과 마찬가지로, 고객의 입장을 지지해주고 있다. 지금까지 우리는 도덕적 딜레마를 지적 재산권 존중 대 프라이버시 존중의 경우로서 재진술할 수 있었다. 하지만 그것만으로는 충분하지 못하다. 우리가 평가해야 할 두 가지 원리들이 아직 남아 있다. 만약 우리가 로터스와 이퀴팩스가 개발한 제품의 경우에서 부가적인 원리들이 회사와 고객 중 어느 쪽을 지지해주는지를 결정할 수 있다면, 우리는 'Marketplace : households' 제품의 판매를 취소한 결정의 도덕적 가치를 평가할 수 있게 된다.

세 번째 원리는 '공정한 표시'다. 이 원리는 우리 사회가 고객을 속이는 기업의 상행위를 묵과하지 않는다는 사실을 우리에게 일깨워준다. 이 원리는 이 경우에는 적절하지 않은 것 같다. 왜냐 하면 로터스와 이퀴팩스사는 그 제품이 할 수 있는 것과 할 수 없는 것에 대하여 어느 누구도 속이려는 시도를 하지 않고 있기 때문이다. 그럼에도 불구하고 이 딜레마에서 이 원리는 고객의 입장을 약간 지지해주는 듯하다. 왜냐 하면 그 제품에 관한 요구들 중 어떤 것들은 최상의 의도에서조차도 실현 가능하지 않을 것 같기 때문이다.

일례로, 그 회사들이 모든 고객들에게 자신들의 이름을 데이터베이스에서 삭제할 선택권을 어떻게 보장해줄 수 있는지 상상하는 것은 아주 어렵다. 만약 고객들이 여러분과 접촉하려고 할 때, 여러분이 주거지를 떠나 다른 지역에 출타해 있을 경우에는 어떻게 하겠는가? 네 번째 원리는 '해악 금지' 혹은 '피해를 주지 않음'의 원리다. 이 원리는 우리 사회가 고객에게 해로움을 주는 기업의 상행위를 묵과하지 않는다는 사실을 생각나게 한다. 나는 이 원리가 그 제품에 관한 도덕적 딜레마에서 소비자의 프라이버시 권리를 지지해 준다고 믿고 있다. 고객들은 5000명의 명단이 그 제품을 구매한 어떤 사람의 영구적인 재산이 될 것이라는 사실에 의하여 특히 불쾌감을 가지게 된다. 이것은 프라이버시를 축소하려는 것일 뿐만 아니라 프라이버시에 대한 해로운 침해다. 그러므로 표출된 도덕적 감정의 모든 힘들을 포착하기 위해서는 두 가지 원리들 ― 프라이버시 존중과 해악 금지 ― 이 협력할 필요가 있다.

결과를 계산해봄으로써 여러분은 적어도 두 가지 원리들이 그 딜레마에서 소비자측을 지지해주고 있으며, 단 한 가지 원리만이 회사측을 지지해주고 있다는 사실을 알게 된다. 그러한 증거에 입각해볼 때 로터스와 이퀴팩스사가 그 제품의 시장 출하를 철회한 것은 올바른 결정이었다고 말하는 것이 합당하게 된다. 그것은 상이한 프라이버시 보호책을 가진 유사한 제품이 궁극적으로는 미국인들에게 도덕적으로 수용 불가능한 것이 되리라는 사실을 의미하지는 않는다. 다이렉트 메일 광고는 이미 널리 행해지고 있으며, 대기업들은 이미 자신들의 광고 캠페인을 위하여 신용 기록 정보를 구매하고 있다. 그러나 미국인들은 자신들에 관한 사적인 정보가 주의 깊고 도덕적인 방식에서 다루어지기를 기대할 수 있는 모든 권리를 소유하고 있다. 우리가 이 책의 제3장에서 살펴보겠지만, 사적인 정보는 우리의 개인적 특질의 외연이기에 사적인 정보를 판매하기를 바라는 기업들에 의하여 마땅히 그 자체로서 취급되어야만 하는 것이다.

원리 윤리학의 방법에서 마지막 단계는 여러분의 결정이 만인이 볼 수 있는『뉴욕타임즈』에 보도될 것이라고 상상하면서 여러분의 결정을 검사해보는 것이다. 어떤 식으로든 여러분의 사고를 바꿀 가능성이 있는가? 공표하는 것은 여러분의 결정을 보편화시키는 한 방식으로서 종종 관점과 객관성을 가져다준다. 이 경우 나는 더 많은 관점들이 문제들을 변화시키지는 않을 것이라고 생각한다. 그러나 실생활의 도덕적 위기 상황에서 여러분은 한 걸음 물러서서 여러분의 감정을 가라앉히는 일을 필요로 한다. 그것이 바로 이 네 번째 단계의 목적이다.14)

내가 예증한 원리 윤리학의 방법은 도덕적 이해력(어떤 것이 그릇된 것이라고 지금 이 순간에 나에게 말해주는 육감 혹은 내향성)을 해결되지 않은 갈등을 표시하는 붉은 깃발로써 해석할 수 있는 능력을 정해주고 있다. 여러분은 그

---

14) 칸트는 이러한 보편화 가능성의 원리를 강조한 대표적인 사람이다. 캘만과 그릴로는『윤리적 의사 결정과 정보 기술』이라는 책에서 보편화 가능성 검사를 위한 5가지 방식을 제시하고 있는데, 내가 이 책에서 제시한『뉴욕타임즈』검증 방법은 그들이 말하는 TV 검증과 유사한 것이다.

러한 갈등을 식별하고 그것들이 진정한 도덕적 갈등(일상적
인 선 대 악의 갈등이 아닌 선 대 선의 갈등)인지의 여부를
결정하는 것을 연습할 필요가 있다. 선 대 선의 갈등만이 윤
리학적 평가를 필요로 하기에 충분할 정도로 복잡한 것이
다. 여러분은 일종의 숙제로서 신문에 보도된 도덕적 갈등
유형(선-선 갈등과 선-악 갈등)의 개별 사례들을 발견해볼
수도 있을 것이다.

끝으로 나는 원리 윤리학의 단순성을 부연 설명하고자 한
다. 네 가지 단계로 이루어진 그 방법은 일상 생활에 통합될
수 있을 정도로 아주 간단한 것이다. 윤리학은 종종 그 목적
을 헛되게 할 정도로 지나치게 복잡한 학문으로 여겨지고
있다. 윤리학의 목적은 도덕을 위해 기능하는 것이다. 윤리
학은, 우리에게 과부하를 주어 우리의 도덕성을 질식시키는
어려운 문제들을 우리가 해결할 수 있도록 해줌으로써 우리
가 보다 나은 도덕적 행위자가 되도록 도와준다. 우리는 정
보 시대의 복잡함에 대한 우리의 반응에서 포레스트 검프처
럼 단순해지기를 무척이나 바라고 있다. 그러나 우리는 엄
격하고 도덕적으로 배타적인 해결책을 찾는 식으로 우리가
단순하기를 바라고 있지는 않다. 윤리학은 설득적이고 분별
이 있는 학문이기에 우리가 융통성 있고, 새로운 선택들에
개방적이 되라고 우리를 고무시켜준다. 윤리학은 우리가 단
지 한두 가지의 의무가 아니라 우리의 모든 의무들을 고려
할 것을 요구한다. 윤리학에서의 유일한 규칙은 동등한 중
요성을 지닌 더 많은 원리들이 그러한 입장을 지지해주지
않는 한, 하나의 중요한 원리를 무시할 수 없다는 것이다.

여러분은 네 가지 원리들에 대한 다음 장들을 모두 읽은 후에 이 책의 부록에 제시된 사례 연구들을 반드시 조사해보아야만 한다. 그러한 조사는 여기서 간략하게 소개한 원리 윤리학의 방법들을 연습해보기 위한 좋은 기회가 될 것이다.

4. 요 약

우리는 우리의 기술적 의존성이 증대함에 따라서 끝없이 더욱 복잡해지는 세계 속에 살고 있다. 정보 기술들, 특히 전화, TV, CD 플레이어, 인터넷은 우리가 깨어 있는 시간이 외적 자극에 의한 활동들로 채워지는 가능성을 더욱 높여주고 있다. 그 결과, 도덕적 숙고처럼 내적 자극에 의한 활동들은, 우리가 그런 활동을 위한 의식적인 노력을 기울이지 않는 한 무시되기가 쉽다.

불행하게도 정보 시대에서 우리가 직면하고 있는 모종의 도덕적 문제들은 더욱 복잡해지고 있으며, 동시에 우리는 더욱더 외적 자극에 의한 활동들에 점유당하고 있다. 우리의 도덕적 능력을 조장하거나 북돋울 수 있는 한 가지 방법은 우리가 윤리학에 의지하는 것이다. 도덕은 우리가 양육과 교육을 통하여 배운 옳고 그름에 대한 개인적인 감각에 속하는 것이다. 반면에 윤리학은 우리의 도덕 이면에 서 있으면서 도덕이 효율적으로 기능하도록 해주는 원리들에 속하는 것이다. 도덕적 문제들에 대하여 윤리학적 숙고를 해보는 것은 우리가 그러한 도덕적 문제들을 더욱 쉽게 해결할 수 있게 해준다.

가장 효과적인 윤리학적 적용 가운데 하나는 원리 윤리학의 방법이다. 정보 윤리학의 네 가지 원리들(지적 재산권 존중, 프라이버시 존중, 공정한 표시, 해악 금지)을 기억해둠으로써, 우리는 우리가 아주 빈번하게 만나게 되는 선 대 선의 갈등을 더욱 잘 해결할 수 있게 된다. 또한 네 가지 원리들은 우리가 쉽게 버릴 수 없는 다양한 의무들을 가지고 있다는 사실을 생각나게 해준다. 단순한 대답을 모색하려는 도덕적 배타성은 이 방법과 부합될 수 없다. 단순성은 원리 윤리학이 우리의 일상적인 도덕에 통합된다는 것을 의미하기 때문에 중요한 것이다. 그러한 방법은 네 가지 단계로 이루어진다 : 사실을 정확하게 수집한다 ; 자신의 도덕적 감정을 검사하고 도덕적 딜레마를 식별한다 ; 정보 윤리학의 원리들을 이용하여 딜레마를 평가하고 도덕적 결정을 내린다 ; 자신의 판단을 공적인 견해에 비추어 검사한다.

1842년에 러시아 작가 니콜라이 고골(Nikolai Gogol)은 『죽은 영혼』이라는 책을 출판하였다. 그 책은 단기간에 부자가 되는 완전 무결한 방법을 발견했던 파벨 치치코프(Pavel Chichikov)에 관한 이야기였다. 그는 어느 작은 지방 정부에서 서기로 일했었다. 치치코프는 사표를 낸 후에 멋진 마차를 샀다. 그리고는 자신의 계획을 실행에 옮기기 위하여 러시아의 시골 지역을 향해 여행을 시작하였다. 그는 어느 낯선 마을에 도착한 후에 마을 사람들에게 자신은 휴가를 즐기고 있는 지주라고 말하였다. 그리고는 그 지역 귀족들로부터의 만찬 초대를 고대하고 있었다. 치치코프는 매우 기분이 좋고 유쾌했다. 부유한 사람들이 그를 좋아했으며, 서로들 자기 집에 머무르라고 그를 초대를 하였기 때문이다. 마침내 치치코프는 자신의 계획을 실행에 옮기기 위하여 새로 사귄 친구들에게 최근에 사망한 그들의 농노나 머슴이 있는지 여부를 물어보았다. 물론, 모든 대사유지에는 최소한 2~3명의 그런 '죽은 영혼들'이 있었다. 치치코프는 그들에게 그 죽은 농노나 머슴을 자신이 사겠다고 제안하였다. 그러면서 그는 사람들에게 자신에게 파는 것이야말로 농노나 머슴의 사망으로 인한 그들의 손실을 조금이나마 메울 수 있는 방법이라고 설명하였다. 지주들은 그 제안이 아주 이상한 것이라고 생각하였으나, 사고 싶어 안달하는 치치코프를 기쁘게 해주기 위하여 그 제안에 응했다. 이것이 바로 치치코프가 5000명의 영혼을 가진 지주가 될 수 있었던 방법이다. 그는 사망자의 이름이 정부 기록에서 삭제되는 데에는 적어도 1년이 걸린다는 사실을 지방 정부에 근무하면서 알게 되었다. 그래서 치치코프는 최근에 사망한 사람들의 가짜 신분을 획득한 후에, 죽은 영혼들을 담보로 하여 정부에 저당권을 신청하였다. 그는 벼락치기로 부자가 될 수 있었다.

치치코프의 계획은 정보의 중요성을 잘 보여주고 있다. 그는 정부 내부자의 지식을 시장화하는 방법을 알고 있었기 때문에 큰돈을 벌 수 있었다. 최근에 신문의 1면을 장식하는 이와 유사한 비도덕적 이야기들을 생각해보라. 19세기에는 고골의 이야기가 세상을 깜짝 놀라게 하는 것이었다. 그러나 오늘날에는 아주 흔한 이야기가 되어버렸다. 예를 들어, 닭을 훔치는 것과 문장 혹은 정보의 어떤 단위들을 훔치는 것 사이에는 어떤 차이가 있는가? 정보 시대를 다른 시대와 다르게 그리고 독특하게 만드는 것은 무엇인가? 잠시 하던 일을 멈추고 이러한 도덕적 질문들에 대하여 생각해보자.

§

제 2 장

지적 재산권 존중

자신의 취향에 맞는 가구를 갖춘 집을 소유하는 것은 우리의 문화적 유산 가운데 하나다. 우리는 그러한 소유에 의하여 인생에서 행복해질 수 있는 기회가 더욱 많아진다고 믿고 있다. 우리는 또한 소유가 우리의 노동과 관련되어 있다고 믿고 있다 : 우리가 열심히 일할수록 우리는 더 많은 돈을 벌 수 있고 더 많은 재산을 갖게 된다. 만약 노력과 소유 간의 연관성이 전도된다면 공정함에 대한 우리의 도덕적 감각은 커다란 혼란을 초래하게 된다. 우리는 재산권(property ownership)을 도덕적 양심과 지상의 법률에 의해 완전하게 보호되는 하나의 자연권(natural right)으로 생각하고 있다.

　모든 재산이 집, 자동차, 접시처럼 우리가 손으로 만질 수 있는 유형적인 것은 아니다. 지적 재산권은 시, 화학 공식, 역학 디자인처럼 소유할 수는 있으나 우리가 손으로 만질 수 없는 무형의 것을 지칭하는 말이다. 특히, 지적 재산권이라는 개념은 '창의적인 노동에는 보상이 따른다'는 문화적 확신에 기반을 두고 있다. 시인은 어떤 독창적인 것을 쓰는 데에 자신의 노동을 투자했기 때문에 그 시를 소유한다.

중세 이래로 서구 사회는 법적인 수단을 통하여 지적 재산권을 보호하려는 시도를 해왔다. 그러한 보호를 위한 일차적인 기제는 바로 기업 비밀, 저작권, 특허권이다. 지적 재산권의 법적 보호는 항상 상업적인 측면에서 진행되어왔다. 어떤 것을 실행하는 새로운 방법을 발명하고자 하는 사람들과 사고와 감정의 새로운 표현 방식을 창안하고자 하는 사람들은 그러한 것들을 모방할 수도 있는 경쟁자들로부터 보호를 받아왔다. 그러나 법적인 보호가 영구적인 것을 의미하지는 않는다. 미국의 경우 특허권 보호는 17년 동안 보장되며, 저작권 보호는 저자의 사후 50년까지 계속 보장된다. 발명가, 작가, 출판사들은 자신들의 독창성과 위험 부담을 잠재적으로 보상해주는 잠정적인 독점권을 부여받게 된다.

정보 시대는 지적 재산권을 보호하기 위한 법적 기제에 대하여 커다란 부담을 지우고 있다. 지금까지의 가장 큰 문제점은 컴퓨터 소프트웨어의 처리다. 컴퓨터 그 자체는 분명히 기계이기 때문에 특허법에 의하여 보호하기가 어렵지 않다. 그러나 소프트웨어는 어떤가? BASIC이나 그 밖의 프로그래밍 언어에 사용된 원시 코드(source code)는 시처럼 문학 작품이기에 저작권 보호를 받을 자격이 있는가? 혹은 그것은 맛있는 프라이드 치킨을 위한 비밀 조리법처럼 기업 비밀로 여겨야만 하는가? 원시 코드를 기계가 읽을 수 있도록 변형시킨 목적 코드(object code)는 컴퓨터 그 자체처럼 특허권 보호를 받을 만한 컴퓨터의 총체적 부분에 해당되는 것인가? 혹은 연산법(원시 코드를 위한 기반이 되는 어떤 과제를 수행하기 위한 논리적 단계를 나타내는 흐름도)은 수학적 정리처럼 모든 사람들이 추론과 명확한 사고를 위하여 사용할 권리를 가지는 것이기 때문에 법에 의한 보호를 받을 수 없는 것인가?

소프트웨어는 이전의 재산권 보호법의 범주에는 적합하지 않다. 그것은 새로우면서도 상이한 것이다. 어느 법률학자는 소프트웨어를 이렇게 묘사하고 있다. "소프트웨어는 그 기계의 구문 방식이 우연하게도 하나의 텍스트가 되어버리는 기계다."1) 소프트웨어에 대한 이러한 혼란 — 소프트웨어는 특허가 가능한 기계인가? 혹은 소프트웨어는 저작권이 가능한 텍스트인가? — 은 상당수의 법률가들로 하여금 처음부터 다시 시작해서 정보 시대의 제조물(제품)들을 위한 새로운 법률의 범주를 만들어내는 것이 최상의 방안이라는 제안을 하게끔 만들었다. 그러나 그러한 극적인 변화는 가능성이 거의 없다.

기업 비밀, 저작권, 특허법은 개별 사례 중심으로 판사의 판결이 내려짐에 따라, 더욱 복잡한 첨단 기술 시대에 부합하도록 천천히 개량되어 왔다. 그러한 사례들 가운데 우리가 이 장에서 조사할 하나의 사례는 애플 대 마이크로소프트(Apple v. Microsoft)의 경우다. 소송 과정에서 명확한 합

---

1) Randall Davis, "Case Study", p. 306.

의가 나올 때까지 어느 것이 보호될 수 있는 지적 재산이고 그렇지 않은 것인지에 대한 상당한 모호함이 있을 것이다. 그러므로 윤리학이 도움을 줄 수 있다.

　과거에 공정한 놀이에 대한 우리의 도덕감은 주로 지적 재산권 법률과 일치하였다. 일례로, 출판사와 계약을 한 저자가 그 동일한 책에 대하여 제2 혹은 제3의 출판사와 계약을 하지 않는 것은 일종의 상식이다. 우리는 첫 번째의 출판사가 그 책을 출판하는 것에 수반된 위험으로부터 모종의 이윤을 얻을 권리가 있는지 알아보기 위해 저작권 전문 변호사에게 자문할 필요가 없다. 그러나 이제는 소프트웨어의 경우에서 볼 수 있듯이 정보 시대의 여러 측면에 대하여 혼동된 상태에 있는 법률과 우리의 도덕적 본능 사이의 거리가 점점 커지고 있다. 왜 그토록 많은 사람들이 소프트웨어, 음악 CD 등을 무단으로 복제하는 것에 대한 도덕적 억제감을 느끼지 못하고 있는가? 법률이 일상 생활로부터 점점 멀어지고 있기에 우리가 쉽게 법률을 무시해버리는 것 같다. 우리의 도덕적 본능과 법률 간의 이러한 격차는 우리가 복잡한 기술 사회에서 살면서 치러야 할 불행한 대가라고 믿고 있다. 이 장에서 내가 말하고자 하는 요지는 이런 것이다 : 윤리학은 지적 재산권을 존중하도록 우리를 일깨워줌으로써 우리의 도덕적 본능과 현존하는 지적 재산권 법률 간의 거리를 줄여주는 데 도움을 줄 수 있다.

1. 도덕 · 윤리학 · 법

　나는 올바른 행동을 하려는 우리의 내적 강제력 면에서 잠정적인 역전 현상이 일고 있다고 믿는다. 음악 CD를 훔칠 기회가 있을 때 나의 양심이 훔치는 것은 나쁜 것이라고 나에게 말해주기 때문에 훔치지 않는다면, 그것은 도덕적 강제력이다. 한편, 붙잡혀 처벌받는 것을 두려워 한 나머지 훔치지 않는다면 그것은 법적 강제력이다. 이상적인 사회는 살인과 절도가 불법적이기 때문이 아니라, 그러한 행동이 도덕적 잘못이라는 이유에서 시민들이 살인과 절도를 금하는 사회다. 만약 우리의 유일한 억제력이 법적 억제력이라면, 입법자와 법률학자들이 모든 가능한 범죄의 통로를 틀어막기 위한 온갖 시도를 하게 되는 악몽 같은 사회가 될 것이다. 정상적인 경우에 법은 옳고 그름에 대한 강력한 감정을 제공해주는 규정적인 도덕적 틀(prescriptive moral framework)에 기반을 두는 가운데 도덕에 반응할 때 그 기능을 가장 잘 수행한다. 그러나 지적 재산권과 관련하여 우리는 도덕보다는 법을 따르는 역전된 상황에 놓여 있다.

　불행하게도, 여러 가지 증거들은 우리의 도덕이 규정적이며 종종 혼돈스러운 지적 재산권에 관한 법적 규제에 효과적으로 반응하지 못하고 있음을 보여주고 있다. 기업 소프트웨어 연합(BSA)에 의하면, 소프트웨어 산업은 매년 소프트웨어 해적판 때문에 150억 달러 정도를 손해보고 있는 것으로 나타났다.[2] 기업 소프트웨어 연합은 모든 소프트웨어 프로그램들 가운데 3분의 1은 해적판이라고 추정하고 있다. 다른 어떤 집단보다도 컴퓨터 전문가들은 소프트웨어 개발에는 많은 비용이 든다는 것을 알아야 하며, 따라서 저작권 침해 행위가 연구와 개발을 위하여 수백만 달러를 투자한 회사에 피해를 준다는 사실을 올바르게 인식해야만 한다. 그러나 『컴퓨터 세계(*Computerworld*)』의 윤리 조사에 응답한 정보 체계 전문가들의 절반은 사용 소프트웨어를 무단으로 복제하여 사용하고 있다고 응답한 바 있다. 어느 작가는 소프트웨어 저작권 침해를 무단 횡단에 비유하고 있다.[3]

무단 횡단은 아주 좋은 비유라고 할 수 있다. 왜냐 하면 무단 횡단은 법률과 개인적 도덕성 사이에 벌어질 수 있는 격차를 설명해주기 때문이다. 많은 사회에서는 무단 횡단을 법률로 금하고 있으며, 위반자에게 범칙금을 부과하고 있다. 그러나 그것은 잘 시행되지 않는 법이다. 사람들은 무단으로 거리를 횡단할 때 자신이 위법 행위를 하고 있다고 느끼지 않는다. 무단 횡단은 아주 커다란 도덕적 죄책감을 유발하는 행동이 아니다. 도덕적인 협력과 동의가 없는 법은 무시되기 쉽다. 문제의 법이 사소하거나 중요한 것과는 아무 상관이 없다. 만약 법이 개인적 도덕성의 지원을 받지 못한다면, 그 법은 큰 효력이 없을 것이다. 이것은 정보 사회가 배워야 할 하나의 교훈이다. 소프트웨어를 무단 복제하는 것, 허가를 받지 않고 데이터베이스에 접근하는 것, 전자 절

---

2) 1995년 현재 미국 소프트웨어 산업은 연간 367억 달러 규모에 이른다.
3) Blalock, "Don't Copy That Floppy", 46 ; Greenberg, "Getting Tough on IS Crime", 27 ; Betts, "Dirty Rotten Scoundrels?", 101.

도 행위를 하는 것과 같이 정보 시대의 소위 피해자 없는 범죄(victimless crime)에 대한 해결책은 더 많은 법률을 제정하거나 더 많은 벌금을 부과하는 것에 있지 않다. 오히려 법이 요구하는 것과 우리의 도덕적 본능이 말하는 것 사이의 거리를 좁히는 것이 더욱 나은 해결책이 될 수 있다. 우리는 지금 도덕적 위기에 처해 있는 것이지, 법률적 위기에 처해 있는 것이 아니다.

많은 미국인들은 마이크로소프트와 같은 대기업들이 억만장자들에 의해 소유·관리되고 있기 때문에 그런 회사들에서 생산한 값비싼 제품을 불법 복제하는 것이 그렇게 해로운 일은 아니라고 생각한다. 우리는 법에 대한 이러한 의도적인 무관심을 로빈후드 효과(Robin Hood effect)로 생각할 수도 있다. 상당수의 미국인들은 친구에게 자신의 개인적 재산을 빌려주는 것이 ― 비록 그것이 빌려주어서는 안되는 소프트웨어 디스켓이라고 할지라도 ― 결코 그릇된 일이 아니라는 결정을 내리고 있다. 우리가 어떤 물건을 살 때 우리는 우리가 바라는 대로 그 물건을 처분할 권리를 갖게 된다. 이것은 우리 사회에서 깊게 견지되고 있는 하나의 확신이다. 그러므로 면허 협정에 관한 정보 시대의 특수한 제한 사항들은 우리 사회의 통상적인 도덕적 배경과 힘든 싸움을 벌이고 있는 것처럼 보인다. 사람들이 때때로 단순히 무지로 인해 법을 위반하는 것도 사실이다. 우리가 정보와 소프트웨어의 합법적 사용에 대하여 항상 잘 아는 것은 아니다. 이것은 이해할 만한 일이다. 결국 법은 도덕을 따르거나 아니면 도덕과 병행해야만 한다. 인간의 마음을 단속할 수 있는 것은 오직 도덕적 설득뿐이다.

도덕과 법의 간격을 줄이기 위하여 우리는 계도 기능을 가지고 있는 윤리학으로 되돌아가야만 한다. 윤리학의 목적은 우리의 도덕이 더욱 효과적으로 작용하도록 만드는 데 있음을 상기하라. 지적 재산권 존중은 지적 재산권 법률과 우리의 도덕적 본능의 공통된 목적을 고양시켜줄 수 있는 윤리학적 원리다. 지적 재산권 존중의 윤리학적 원리는 우리에게 그것을 각성시킬 수 있을 만큼 충분히 법과 유사해야 할 뿐만 아니라, 그것을 부추겨 실행에 옮길 수 있을 만큼 우리의 도덕과 유사해야 한다.

[표 : 2-1] 윤리학의 중재적 역할

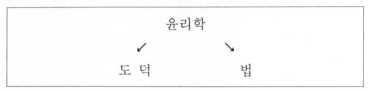

지적 재산권의 경우에, 원리 윤리학은 법과 도덕의 중간에 자리잡고 있어야만 한다. 법에 대한 이해가 지적 재산권 존중이라는 중요한 윤리적 원리에 통합될 수 있도록 지적 재산권에 관한 법률들의 개요를 간단하게 살펴보자.

1) 기업 비밀(Trade Secrets)

기업 비밀은 한 기업으로 하여금 경쟁력을 유지하게끔 만들어주는 조리법, 연산법, 제조 과정 등과 같은 비밀 정보들이다. 「쥬라기공원」에서 컴퓨터 기술자가 훔친 공룡의 수정란을 기억해보라. 사멸한 DNA를 소생시키는 기술은 거대한 기업 비밀이다. 기업 비밀은 각 주마다 상이한 계약법에 의하여 보호되고 있다. 비밀 계약의 가장 흔한 두 가지 형태는 피고용인들과의 '기밀 누설 금지 협정(nondisclosure agreements)' 그리고 고객들과의 '면허 협정(licensing agreements)'이다. '기밀 누설 금지 협정'은 재직 동안에 그리고 퇴직한 다음에라도 회사에 대하여 피고용인이 말할 수 있는 것을 제한하고 있다. 그러한 계약은 대개 회사가 피고용인으로 하여금 침묵하기를 기대하는 사항들을 구체화하고 있다. 그러한 협정을 위반하는 것은 중죄로서 기소할 수 있는 것이다. 면허 협정 혹은 임대(lease)는 고객이 회사의 기밀을 보호하는 특정한 조건 하에서 그 회사의 제품을 사용하도록 허용해준다. 면허 계약은 제품의 작동 방식 혹은 제품의 프로그래밍에 필요한 것을 알아내기 위하여 역설계(reverse-engineering) 시도를 해서는 안 된다는 것을 지정할 수도 있다. 기밀 누설 금지 협정과 마찬가지로, 면허 계약을 위반하는 것은 중죄로 기소할 수 있다.

기업 비밀은 컴퓨터와 소프트웨어 산업에서 최초의 법률적 보호 형식이다.[4] 기업 비밀은 제품의 개발 단계에서는 아주 잘 지켜지고 있는 것 같다. 그러나 제품이 일단 시장에 나오면 기밀을 보호하는 것이 아주 어려워진다. 소프트웨어

---

4) Samuelson, "Case study", 284.

와 같은 대량 판매용 제품들은 특히 면허를 통하여 보호하기가 어렵다. 기업 비밀의 경우 피고용인이든 고객이든 어느 경우에서나 회사가 그들을 기소하여 승소를 하는 것이 아주 어렵다. 불법적인 방식에 의해서든 아니든지 간에 일단 기밀이 누설되고나면, 그 기밀은 공적 영역의 일부분이 되고 말기에 더 이상 보호를 받을 수 없게 된다.

2) 저작권(Copyrights)

저작권은 저자의 창의적인 작품에서 표현된 고유한 아이디어의 표현을 보호해준다. 아이디어와 그것의 표현을 구별하는 것이 아주 중요한데, 때때로 그 둘의 구별은 아주 모호하다. 만약 내가 하늘의 푸름에 대하여 시를 쓴다면, 저작권은 오직 나만이 하늘의 색깔에 대하여 말하는 것을 허용해주지 않는다. 하늘이 푸르다는 것은 내가 쓴 시에 관한 아이디어다. 다른 모든 사람들도 그 아이디어에 대하여 말할 수 있는 자유가 여전히 존재한다. 저작권이 보호하는 것은 내가 사용하는 특정한 단어들, 예를 들면 "푸른 하늘은 나의 냉정한 기분을 가시게 하는 간지럼이다"와 같은 시의 행이다. 만약 누군가가 시를 쓰면서 그 표현을 정확하게 혹은 거의 유사하게 베낀다면, 나는 그 사람을 저작권 침해로 고소할 수 있다. 그런 경우에 재판에서 승소하려면, 다른 시인이 나의 시를 보고 그것을 의도적으로 베꼈다는 것을 입증해야만 한다. 그러나 저작권은 타인이 나의 작품과 유사한 표현이나 동일한 표현을 독자적으로 만들어내는 것으로부터 나의 작품을 보호해주지는 않는다. 소설, 희곡, 시와 같은 문학 작품과 소프트웨어 코드에 대한 저작권 보호는 저자가 사망한 후에도 50년간 유효하다.

저작권은 소프트웨어 산업과 같은 정보 시대의 산업에서 가장 널리 확산되어 있는 법률적 보호 형식이다. 저작권과 관련된 연방법으로는 1976년의 저작권 개정 법령과 1980년의 소프트웨어 저작권 법령이 있다. 우리가 다음 절에서 볼 수 있는 바와 같이, 소프트웨어의 저작권 보호에 대해서는 상당한 모호함이 존재한다. 불행하게도, 아이디어와 아이디어의 표현을 구별하는 것이 소프트웨어 프로그램의 경우 항상 분명한 것은 아니다. 저작권 관련 법령은 서서히 개량되고 있으며, 그때그때 관련된 사실에 적응해나가고 있다.

소프트웨어 저작권이 지니고 있는 또 하나의 모호함은 많은 사람들이 그것을 서적 판매 사업에 암묵적으로 유추하는 것과 관계가 있다. '미리 제조된' 소프트웨어들이 서점을 본뜬 에그헤드 소프트웨어(Egghead software)나 컴프 유에스에이(Comp USA)와 같은 소매상 판로를 통해 판매되고 있다. 여러분은 상점에 가서 진열대를 훑어본 후에 여러분이 선택한 물건에 대해 값을 치른다. 그러나 소프트웨어 프로그램을 구매하는 것은 책을 구매하는 것과 동일하지가 않다. 내가 책을 다 읽은 후에 나는 그 책을 친구에게 마음대로 빌려줄 수 있다. 내가 소프트웨어를 샀을 때, 나는 그것을 나의 특정한 목적을 위해서만 사용하겠다는 허락을 받은 것이다. 그러므로 이러한 유추는 첨단 기술의 면허 협정과 일상적인 책 구매 간의 차이점들을 인식하지 못하도록 하는 미묘한 혼란을 조장한다.

그러나 소프트웨어 저작권과 관련하여 모든 것이 모호한 것은 아니다. 저작권이 있는 소프트웨어 디스켓을 친구에게 빌려주는 것은 적절하지 못하다. 왜냐 하면 그 친구가 디스켓을 자유로이 복제할 수 있기 때문이다. 그러한 행동이 불법이라는 것은 의심의 여지가 없다. 그러한 행동은 비도덕적인 것이기도 하다. 왜냐 하면 우리는 재산권 존중이라는 우리의 문화적 유산을 반영하고 있는 법을 존중할 의무가 있기 때문이다. 수세기 동안 재산권은 새로운 아이디어의 창조적 표현을 포함하는 것에까지 확대되었다. 지적 재산권 존중과 관련하여 우리가 명심해야 할 중요한 규칙(a rule of thumb)은 '하나의 컴퓨터, 하나의 프로그램'이다. 달리 말해, 여러분이 어떤 소프트웨어 프로그램을 한 대 이상의 컴퓨터에 복제하고자 할 때는 사전에 그것을 재고해보아야 한다. 즉, 여러분이 여러 대의 컴퓨터에 사용할 수 있는 면허 협정을 가지고 있지 않다면, 그러한 행동이 불법적이고 비도덕적인 것이 될 가능성이 아주 높다. 허락 없이 저작권이 있는 프로그램의 원시 코드나 목적 코드를 복제하는 것도 불법적이며 비도덕적인 것이다.

3) 특허권(Patents)

특허권은 새로운 과정이나 기계 혹은 화합물의 발명자로 하여금 그러한 발명품의 사용에서 정당한 독점을 제공해준다. 특허권은 17년 동안 유효하며, 지적 재산권에 대하여 가장 강력한 법률적 보호를 제공해준다. 경쟁자들은 특허권 보호 기간 동안 그 발명품을 사용·제조·판매할 수 없다. 특허권의 적용 과정은 아주 엄격하다. 발명품은 독창력 검사를 통과해야만 하고, 엄격한 내용 지침의 범위 안에 들어야만 한다. 소프트웨어와 그 밖의 정보 시대 제품들에 대해 특허권을 부여하는 문제와 관련하여 상당한 논쟁이 일고 있다.[5] 그러한 논쟁은 특허권의 의도된 목적과 밀접하게 관련되어 있다.

중세 이탈리아에서 처음 실시된 이후로 특허권의 목적은 과학과 기술의 발전을 촉진시킴으로써 사회 발전을 꾀하는 데 있어왔다.[6] 특허권은 특허권 소유자들에게 제한된 독점을 제공해줌으로써 발명자들에게 자신들의 아이디어와 발명품을 공유하고자 하는 유인(incentive)을 제공해준다. 그것은 타인들로 하여금 그 발명품을 보고 특허권이 소멸된 후에 더욱 개량된 것을 만들어내는 것을 가능하게 해준다. 사람들이 사회의 기술과 과학을 진흥하려는 시도를 많이 할수록 특허권은 더욱 번창하게 된다. 이것이 바로 특허법 이면에 숨겨져 있는 아이디어다. 소프트웨어 그리고 그와 유사한 정보 기술들과 관련된 우려는 너무 많은 특허권이 허용될 경우 창의적이고 경쟁적인 발전 과정이 질식당할 수도 있다는 점이다. 특허권에 의한 독점을 유지하고 있는 개별 회사들은 돈을 벌 수 있지만, 전체로서의 사회는 경쟁력을 상실하게 된다. 소프트웨어는 어떤 특정한 과제를 수행하기

---

5) Ibid., 301-304.
6) David, "Intellectual Property Institutions and Panda's Thumb", 44.

위해 설계된 연산법으로서 창안된 것이기 때문에, 그것은 특허가 될 수 없는 수학적 정리 및 정신 과정과 밀접하게 관련되어 있다. 수학적 정리와 연산법을 비롯한 아이디어들은 공동선을 위하여 모든 사람들에 의하여 자유롭게 공유되어야만 하는 기술과 과학의 본질적 기초다.

2. 외양과 느낌의 사례

1988년 3월에 애플컴퓨터사는 마이크로소프트사를 상대로 소송을 제기했다. 애플사는 마이크로소프트사의 '윈도우 2.03(과 3.0)'이 매킨토시의 사용자 인터페이스(interface : 접속기)7)에 관한 애플사의 저작권을 침해했다고 고소했다. 애플사 대 마이크로소프트사의 사건은 저작권 법이 소프트웨어 개발자들의 지적 재산권을 어느 정도까지 보호해줄 것인가를 다루었던 일련의 사례들 가운데 가장 첨예한 것이었다. 이 사건은 '외양과 느낌(look and feel)'의 사례로 세간에 알려졌다. '외양과 느낌'이라는 말은 프로그램이 스크린에 어떻게 나타나는지 그리고 컴퓨터의 키와 마우스로서 조종하는 것을 프로그램이 어떻게 느끼는지와 같은 프로그램의 비문자적(nonliteral) 측면 또는 비코드적 측면을 가리키는 말이다. 도덕적 수준에서 지적 재산권을 존중하기 위해서는

---

7) 역주 : 둘 이상의 구성 요소의 경계 또는 경계에서 공용되는 부분. 두 장치를 결합하는 하드웨어의 구성 요소인 경우와 둘 이상의 프로그램에 의해서 공용되는 기억 장치의 일부 또는 레지스터인 경우 등이 있다.

미국법이 역동적이고 불확실하며 발전중에 있다는 것을 이해할 수 있어야만 한다. 그러한 법은 단순히 억만장자들이나 기업들의 하녀가 아니다. 판사들은 종종 개인, 회사, 모든 기업, 사회 전체의 경쟁하는 욕구와 관심들을 균형 잡아줄 면도날을 찾아내고자 시도하고 있다. 그들의 활동은 도덕적으로 칭찬할 만하다. 개방성을 유지하는 가운데 판사들을 지지해줌으로써, 우리는 지적 재산권에 대한 우리 자신의 도덕 의식을 고양할 수 있다.

애플사 대 마이크로소프트사 사건은 하나의 서사적인 이야기다. 왜냐 하면 두 회사는 컴퓨터 혁명을 일으켰으며, 정보 시대의 도래를 주도했기 때문이다. 대학을 중퇴한 잡스(Steven Jobs)와 워즈니액(Stephen Wozniak)이 1976년에 애플사를 만들었다. 그들은 캘리포니아주의 산타 클라라 밸리에 있던 잡스의 차고에서 처음으로 그들의 컴퓨터를 만들었다. 애플사가 대중에게 알려진 1980년대까지 애플사는 연간 1억 달러의 수익을 올리고 있었다. 게이츠(William Gates)와 앨런(Paul Allen)은 게이츠가 하버드대학교를 중퇴한 후인 1975년에 마이크로소프트사를 창업하였다. 그들은 앨버커크로 이주하여 최초의 상용 마이크로 컴퓨터를 위한 프로그래밍 언어를 만들었다. 1980년에 IBM은 자사의 새로운 PC를 위한 운영 체계 소프트웨어를 만들기 위하여 마이크로소프트사를 고용하였다. 얼마 지나지 않아 마이크로소프트사는 시애틀의 한 엔지니어로부터 QDOS(Quick and Dirty Operating System)를 5만 달러에 구입한 후에 그 이름을 MS-DOS(Microsoft Disk Operating System)로 바꾸었다. 마이크로소프트가 대중에게 알려진 1986년에 게이츠는 PC계에서 처음으로 억만장자가 되었다. 특히, 컴퓨터 산업이라는 새로운 영역을 분명하게 보여준 장본인들인 잡스와 게이츠는 고집스럽고, 영감이 뛰어나며, 가차없는 기업가로 탈바꿈하였다.

저작권이 소프트웨어 프로그램의 원시 코드와 목적 코드를 보호해준다는 것은 의심의 여지가 없다. 법률적으로 문제가 되는 것은 프로그램의 부가적인 비문자적인 측면 가운데 어떤 것을 보호해줄 것인지를 결정하는 것이다. 1986년에 열린 제3차 항소심 순회 재판에서 휠런 대 에슬로우(Whelan v. Jaslow) 사건에 대한 판결이 나왔을 때 바로 그 문제에 대한 논쟁이 더욱 커지게 되었다.8) 펜실바니아에 있는 의치 / 보철 전문 회사 안의 에슬로우 치과 실험실은 업무 추진의 목적으로 컴퓨터 프로그램을 개발하기 위하여 엘런 휠런을 고용하였다. EDL 언어를 이용하여 휠런이 덴타랩(Dentalab)이라는 프로그램을 개발하였으며, 휠런과 에슬로우 실험실은 그것을 다른 실험실에 판매하였다. 나중에 에슬로우 실험실은 EDL이 아니라 BASIC 언어로 씌어진 덴타콤(Dentacom)이라는 유사한 프로그램을 개발하였다. 에슬로우 실험실은 EDL 코드가 소형 치과 실험실에서 사용되는 개인용 컴퓨터로는 사용할 수가 없는 것이기 때문에 BASIC 언어로 전환했던 것이다. 휠런은 에슬로우 실험실을 상대로 저작권 침해 소송을 제기하였다. 휠런은 덴타콤이 덴타랩과 기능적으로 유사할 뿐만 아니라 동일한 데이터와

---

8) Samuelson, "Case Study", 296-299.

파일 구조를 사용하였다고 주장하였다. 에슬로우 실험실은 덴타랩을 연구한 것을 부인하지는 않았으나, 문자 코드(literal code)를 복제한 것이 아니기 때문에 저작권을 위반하지는 않았다고 주장하였다. 휠런의 승소를 선언하면서 법원은 저작권 보호가 문자 코드뿐만 아니라 어떤 프로그램의 구조, 계열, 조직에 대해서도 성립할 수 있다는 판결을 내렸다. 법원은 컴퓨터 프로그램의 비문자적 구조를 저작권에 의해 보호되고 있는 소설의 세부적인 줄거리에 비유하였다.

소프트웨어를 위한 저작권 보호의 확대를 결정한 휠런의 판례에 의해서 고무된 애플사는 1988년에 마이크로소프트사를 상대로 소송을 제기하였다. 그러나 판사가 모든 복잡한 문제들에 대한 예비 평가를 마치고 재판일을 설정하기까지는 무려 5년이 소요되었다. 그 사이에 비문자 코드 보호를 위한 가능성을 열어주었던 휠런의 사건은 다른 사건들에 의하여 사실상 제한을 받게 되었다. 브라운 백(Brown Bag) 대 사이먼테크(Symantech) 사건은 휠런의 사건에 종지부를 찍는 계기가 되었다. 브라운 백 소프트웨어는 1987년에 개인 프로그래머로서 일하고 있는 존 프렌드(John Friend)로부터 아웃라이닝 프로그램을 구입하였다. 거래 조건의 일환으로서 브라운 백은 프렌드에게 사용자 인터페이스 표시를 만들어낸 129페이지 분량의 원시 코드를 사용할 수 있는 권한을 부여해주었다. 그와 동시에 프렌드는 또 다른 프로그램을 개발하여 그것을 사이먼테크에 팔았다. 1988년에 브라운 백은 명백하게 유사한 17가지 의 항목들을 증거 자료로 내놓으며 사이먼테크를 상대로 저작권 침해 소송을 제기하였다.

지방 법원은 17가지 항목 모두에 대하여 사이먼테크의 승소 판결을 내렸다. 항소심에서 브라운 백은 법원이 두 프로그램에서 외양과 느낌의 명백한 유사성을 평가하는 것을 무시하는 가운데 배타적으로 사용자 인터페이스의 분석에만 초점을 맞추었다고 주장하였다. 제9차 순회 항소 재판부는 브라운 백의 이의 제기를 기각하고 지방 법원의 판결을 지지해주었다.

휠런의 판례는 프로그램들간의 유사성을 결정하기 위해 형태 검사 또는 총체적 검사를 실시할 것을 지지함으로써 소프트웨어의 비문자적 측면에 대한 광범위한 보호의 문을 열어놓았다. 반면에 브라운 백 판례는 유사성을 결정하기 위해 특징 하나 하나를 파헤쳐보는 검사를 실시할 것을 지지함으로써 적어도 부분적으로는 비문자 코드에 대한 광범위한 보호의 문을 닫아놓았다. 해체 검사법은 적어도 두 가지 이유에서 그 중요성이 더 커지게 되었다. 첫째, 그것은 소프트웨어 프로그램들의 복잡함을 더 정확하게 반영하고 있다. 소프트웨어 프로그램들은 휠런 판례에서 판사들이 가정했던 것처럼 단지 하나의 기능적인 아이디어로 환원될 수 있는 것이 아니다. 둘째, 해체 검사법은 보호받을 만한 자격을 결정하는 데에 독창성을 중요시하는 저작권 전통에 보다 충실한 것이다. 새로운 프로그램을 만들어내는 것만으로는 충분하지가 않다. 그 작업 자체가 독창적인 것이어야만 한다. 특징 하나 하나를 해체하는 접근법은 독창성을 드러내는 것을 더욱 어렵게 만들었다. 왜냐 하면 프로그래밍의 대다수가 기능적으로 제한되어 있기 때문이다. 일례로, 그림

문자표를 나타낼 수 있는 방식이 얼마나 되겠는가? 독창성이란 어떤 것이 뻔하지 않게 독특한 것이라는 것을 함축한다. 그러나 그러한 독창성은 기능과 약정이 거의 모든 선택을 배제하는 한 가능하지 않다.

애플 판례에서 재판부가 매킨토시와 윈도우즈 인터페이스 사이의 189가지의 유사성을 평가하고 있을 무렵, 이미 브라운 백과 여타의 유사한 판례들은 해체 접근법의 중요성을 확립하고 있었다. 애플이 제시한 189가지의 위반 사례 가운데 대다수는 1985년에 이루어진 두 회사간의 기밀 임대 협정 때문에 기각되었다. 나머지 사항들도 대부분 기각되었는데, 그 이유는 애플이 독창적인 발명자가 아니었기 때문이다. 일례로, GUI(Graphical User Interface)는 팔로 앨토 연구 센터에 있는 제록스 회사에 의해 처음으로 만들어진 것이다. 따라서 애플은 그것에 대한 저작권을 주장할 수 없는 상황이다. 애플 사건은 1993년 6월에 기각되었다. 재판은 마이크로소프트사의 승리로 끝났으며, 소프트웨어 프로그램의 비문자적 요소들에 대한 저작권 보호는 제한적으로 인정되었다.

때때로 법률은 천천히 그러나 분명하게 정보 시대에서의 새롭고 혼란스러운 문제들에 대하여 반응하고 있다. 윤리학이 우리의 도덕을 후원하고 더욱 효과적인 것이 되게끔 만들어주는 것과 원리상 동일한 방식으로, 판사들은 법률들을 후원해주고 법률들이 더욱 효과적이고 적절한 것이 되도록 만들어주고 있다. 지적 재산권을 존중해주려는 결단을 지니는 가운데, 우리는 우리의 법률 체계를 지켜야 하는 윤리적 의무를 갖고 있다. 그것이 우리가 우리의 도덕적 행복을 유지하기 위하여 저작권 법률가가 되어야만 한다는 것을 뜻하는 것은 아니다. 그러나 우리는 현재 법률 체계에서의 모호함에 대하여 관용적인 태도를 취할 필요가 있다. 우리는 또한 우리의 문화와 법률 체계가 발전하는 것과 마찬가지로 우리 자신을 기꺼이 도덕적으로 발달시킬 책임이 있다.

3. 디지털화(Being Digital)의 문제점

MIT의 혁신적인 미디어 랩의 창설자이자 『와이어드』 잡지사의 주간으로 활동하고 있는 네그로폰테(Negroponte)는 디지털이라는 명성을 갖고 있다. 그러한 명성에 걸맞게 네그로폰테는 '디지털화'를 마치 새로운 삶의 형식 혹은 자연력인 것처럼 찬양하고 있다. 디지털화 한다는 것은 비트—컴퓨터 언어로서의 0과 1— 가 우리의 중요한 교환 단위로서의 원자를 대체하는 것을 의미한다.[9] 서적을 출판하여 (종이, 잉크, 돈 등의 "원자들"이 뒤섞여 있는 채로) 소매상에서 판매하는 것 대신에, 다가오는 디지털 세상에서는 온라인 은행 계좌에 비용을 지불하기만 하면 모든 접속된 컴퓨터를 통해 (컴퓨터 언어인 비트로 뒤섞여 있는) 전자 원고를 내려받는 것이 가능해진다. 미래를 예견해볼 때 편의 시장은 디지털 존재 속에서 살벌한 경쟁을 할 것으로 예상된다. 누가 가장 편리하면서도 가장 손쉬운 비트 거래 수단을

9) Negroponte, *Being Digital*, 11-20.

제공해줄 수 있는가? 아마도 최신식의 지갑 컴퓨터가 우리가 잠자고 있는 동안에 우리의 전자 쇼핑과 그 밖의 잡일을 할 수 있도록 프로그래밍될 것이다. 그러나 편리한 생활의 저편에는 탁한 모습도 들어 있다. 디지털화되는 것이 우리의 운명이라면, 그렇게 되는 데에는 문제점도 있을 것이다. 그러한 문제점들 가운데 일부는 이미 명백하게 나타나고 있다. 우리가 살펴본 바와 같이, 디지털 정보가 보편적인 상품이 될 경우에는 지적 재산권을 정의하는 것 자체가 어렵게된다.

정보는 결코 새로운 것이 아니다. 그것은 언덕이나 낮은 산만큼 오래된 것이다. 그러나 디지털화가 정보에 대한 접근을 더 쉽게 만들고, 정보를 더 강력하게 만들기 때문에, 정보의 가치가 더욱 커지게 되었다. 15세기에 인쇄기가 발명되기 이전에는 문자 언어로 된 아이디어들이 필사(筆寫)되어 둥근 천장으로 된 수도원 도서관에 보관되었다. 아주 소수의 특권을 가진 수도사나 조신들만이 그 필사본에 접할 수 있었다. 대부분의 사람들은 전혀 그것을 읽을 수가 없었다. 인쇄기는 서적의 대량 생산을 가능하게 만들었다. 인류 역사상 처음으로 보통 사람들이 서적을 소유하여 읽는 방법을 배우게 되었다. 인쇄된 문헌에의 접근은 보편 교육과 민주적 자유라는 근대 계몽주의의 꿈을 실현시켜주었다. 우리들 대다수가 읽고, 쓰고, 우리의 삶에서 하고 싶은 것을 어느 정도 결정하게 된 것은 인쇄기가 발명된 결과라고 볼 수 있다. 디지털 정보는 인간의 잠재력에서 인쇄기에 의존하는 세계를 뛰어넘는 또 하나의 도약으로서 빗발치듯 도래하고 있다. 나는 이러한 잠재력이 두 가지 이유에서 아주 실재적인 것이라고 믿고 있다.

첫째, 디지털 정보는 그 어떤 형태의 문자 커뮤니케이션에 비하여 정신적 현상의 특성들—사유, 감정, 말—을 더 많이 공유하고 있다. 컴퓨터는 두뇌와 유사하다. 컴퓨터와 두뇌는 모두 정보를 전달하기 위하여 전자적 교환에 의존하고 있다. 디지털 정보는 실제로 정신을 모방할 수 있기에 더욱 직접적으로 정신과 상호 작용할 수 있다. 우리가 디지털 정보를 팔거나 거래할 때 우리는 우리의 정신적 과정과 아주 유사한 어떤 것을 팔고 있는 것이다. 디지털 정보는 새로운 유형의 정신적 상품이다. 전통적인 서적의 형태로 문자 아이디어를 파는 것은 저자의 정신 과정에 단지 간접적으로만 접근할 수 있게 해준다. 우리는 타인들을 무시하는 가운데 어떤 생각들을 적어 내려가는 매개적 활동에 의하여 저자의 정신으로부터 분리된다. 반면에 정신적 모방 능력에서 컴퓨터는 저술이라는 구조화된 부문이 저자와 독자 사이에 설정하고 있는 형식적 거리를 극복할 수 있게 해준다. 캘리포니아주에 거주하는 테드 넬슨(Ted Nelson)이 만든 제너듀(Xanadu)는 디지털 정보와 인간의 정신간의 잠재적인 수렴을 거창하게 예증해주고 있다.10) 제너듀는 한 가지 생각에서 다른 생각으로 옮겨가는 정신의 능력을 모방하여, 독자들이 한 텍스트에서 다른 텍스트로 옮겨갈 수 있도록 해주는 하이퍼텍스트로 링크되어 있는 디지털 도서관이다. 월

---

10) Samuelson, "Case Study", 296-299.

드 와이드 웹(World Wide Web)의 HTML 프로그래밍 언어
는 호화스럽지는 않지만, 넬슨이 지녔던 꿈을 어느 정도 실
현시켜준 하나의 사례다.

둘째, 디지털 정보는 점점 더 전자만큼이나 유동적이고
풍부해지고 있으며, 거역할 수 없는 세계 변화의 힘이 되고
있다. 위성, CD-ROM, 컴퓨터, 그 밖의 첨단 기술 수단에 의
해 디지털 정보가 전송될 수 있을 때, 그 어떤 정보도 자국
의 국경선을 넘나드는 디지털 정보의 교환을 막을 수 없다.
그 결과 세계는 하나의 시장 그리고 어떤 면에서는 하나의
문화로 탈바꿈하고 있다. 1996년 여름에 월마트(Wal-Mart)
의 의류 생산 라인에 쏟아진 비난을 생각해보자. 월마트는
TV 스타인 기퍼드(Gifford)의 이름을 새긴 의류를 생산하였
다. 기퍼드는 언론의 질책을 받게 되었는데, 왜냐 하면 그런
옷들이 미국과 온두라스의 열악한 작업 조건을 지닌 의류
공장에서 여성들의 고된 노동을 통해서 제조된 것이기 때문
이다. 나이키를 비롯한 다른 스포츠 용품 회사들도 이와 유
사한 비판을 받아야 했다. 왜냐 하면 그 회사들의 축구공이
아이들을 명백하게 착취하는 파키스탄의 공장들에서 제조
되었기 때문이다. 우리는 언제 어디서 어떤 범죄가 행해지
고 있는지를 알 수 있는 잠재력을 가지고 있다. 우리는 지구
상의 모든 사람들이 존중을 받아야 한다고 주장할 수 있는
잠재력을 가지고 있다.

디지털 세계의 선과 악을 향한 잠재력은 실로 엄청난 것
이다. 최소한의 수준에서 보더라도, 디지털 세계는 우리의
일상 생활을 더 복잡하게 만들고 더 많은 스트레스를 낳을

위험이 있다. 사방에서 쏟아져 나오는 디지털 정보에 휩싸여 있는 상태에서 우리는 어떤 것이 좋고 유익한 것인지를 어떻게 식별해낼 수 있을까? 정보 과부하는 디지털 세계에서 볼 수 있는 가장 보편적이면서도 가장 심각한 문제다. 이 장의 핵심 내용은 지적 재산권 소유자들을 무시하지 않는 가운데, 이 모든 정보들의 사용을 통제하는 방법에 관한 것이다. 디지털 정보를 그럴듯 새롭고 혁명적인 것으로 만드는 바로 그 특징들(유동성, 편재성, 정신과 유사한 특성)이 동시에 또한 들키지 않고 디지털 정보를 훔치거나 복제하는 것을 용이하게 만들고 있다. 만약 내가 인터넷 사이트에서 저작권이 있는 어떤 그림 이미지를 내려받았을 때, 누가 그 일을 알 수 있겠는가? 그런 행동은 그 그림 이미지를 만들어낸 회사에 해로운 것인가? 완벽하게 프라이버시가 보장되는 내 집에서 어떤 위법 행동을 하는 것이 현실적으로 가능하지 않는가?

1995년 가을에 미국 행정부는 '지적 재산권 및 국가 정보 인프라 구조 정책'의 개요를 담은 백서를 발행하였다. 어느 법률학자에 의하면, 백서에서 강하게 권장하고 있는 범죄 방지 조처는 상업적 출판사나 제조사의 권리를 배타적으로 선호하고 있다고 한다.[11] 백서는 전통적인 지적 재산권 법률의 두 가지 목적을 간과하고 있다. 즉, 전통적인 지적 재산권 법률은 출판사와 그 밖의 다른 창의적인 시장 참여자들에게 모방자로부터의 제한된 보호를 제공해줌과 동시에, 아

---

11) Samuelson, "Intellectual Property Rights and the Global Information Economy", 23-29.

이디어의 자유로운 교환과 사회의 복리를 증진한다는 두 가지 목적을 가지고 있었다. 그러나 백서는 단지 전자의 목적만을 강조하고 후자의 목적은 간과하고 있다. 우리는 앞으로 최첨단의 지적 재산권 범죄를 막아내는 방법에 더 많은 주의를 기울일 필요가 있다. 뿐만 아니라 우리는 또한 저작권 법률의 공정한 이용의 교의(fair-use doctrine)가 정보 시대에 어떻게 적용되는지에 대해서도 주의를 기울일 필요가 있다.

공정한 이용의 교의는 연구자, 교사 그리고 일반 시민들이 특정한 목적을 위하여 저작권이 있는 자료들을 자유로이 이용할 수 있는 권리를 보장해줌으로써, 종종 간과되고 있는 저작권 법률의 사회적 측면을 보호하고 있다. 예를 들어, 공정한 이용은 저자로 하여금 저작권이 있는 다른 사람의 저작물로부터 허락을 받지 않거나 이용료를 물지 않는 가운데 300단어를 인용하는 것을 허용해주고 있다. 그것은 또한 교실에서 저작권이 있는 자료들을 학생들에게 제시하거나 학생들과 논의할 수 있게끔 해주고 있다. 사진 복사는 판례법이 그 경우를 명료화했음에도 불구하고, 공정한 이용 관행에 대한 일시적인 긴장을 유발하고 있다. 만약 여러분이 공공 도서관에서 잡지의 기사를 읽고 있다고 가정해보자. 여러분은 공공 도서관에서 빈자리를 찾아 그 기사를 읽거나 복사할 수도 있고, 나중에 집에 가서 읽으려고 대출할 수도 있다. 공정한 이용 지침에서 볼 때, 만약 그 잡지를 사진 복사하는 것이 잠정적으로 개인적인 목적을 위한 것이라면 얼마든지 허용된다. 그러나 그 잡지의 기사를 10부나 사진 복사하여 사친회 회원들에게 나누어주는 행위는 허용될 수 없다.

나는 우리가 공정한 이용을 위한 기회를 충분하게 부여받아야만 한다고 믿고 있다. 또한 나는 지적 재산권 법률이 상업적 이익만을 보호해서는 안 된다고 믿고 있다. 앞에서 나는 지적 재산권 존중의 원리와 관련하여 우리가 명심해야할 가장 중요한 규칙은 바로 '기계당 한 번 복사(one copy per machine)'임을 제안한 바 있다. 그 규칙은 우리에게 소프트웨어 해적 행위를 하지 말아야 한다는 도덕적 의무를 일깨워준다. 소프트웨어에 대해 해적 행위를 하는 것은 특히 소규모 회사들이 새로운 상품들을 시장에 내놓는 것을 가로막고 있다. 왜냐 하면 소규모 회사들은 투자한 만큼 공정한 대가를 시장으로부터 되돌려받는 것을 확신할 수 없기 때문이다. 디지털 정보와 관련하여 우리가 명심해두어야 할 두 번째 규칙이 있다. "일시적인 개인적 목적을 위해서만 내려받기를 하라." 첫 번째 규칙은 지적 재산권 법률의 상업적 측면을 강조하고 있는 반면에, 두 번째 규칙은 사회적 이용 혹은 공정한 이용 측면을 강조하고 있다. 두 번째 규칙은 우리의 의도가 사적인 목적으로 자료를 이용하는 것이라면, 대부분의 경우에서 인터넷이나 온라인 자료원으로부터 자료를 복사하는 것이 도덕적으로 허용 가능한 것임을 우리에게 일깨워주고 있다. 이 규칙은 디지털 정보에의 최초 접속이 공명 정대하게 이루어지는 경우라는 가정에서만 적용되는 것이다. 달리 말해, 처음부터 『뉴욕타임즈』의 데이터베이스에 해킹을 통해 접속하여 사적인 목적으로 『뉴욕타임즈』의 기사를 내려받기하는 것은 도덕적으로 허용될 수 없는 일이다. 온라인 접속 요금을 지불했을 경우 혹은 도서관의 경우에서 볼 수 있는 것처럼 보조금을 받은 전자 계정을 이용했다면, 나중의 사적인 목적을 위해 내려받기를 하는 것이 적절하다.

일시적인 개인적 사용을 위하여 내려받기를 하는 것은 사진 복사의 경우와 마찬가지로 도덕적으로 허용 가능한 것이다. 왜냐 하면 그것은 정보 자료를 출판하고 배포하는 회사의 능력을 침해하지 않기 때문이다. 만약 여러분이 디지털 출판사의 배부 특권을 침해한다면, 여러분은 아주 취약한 법률적·도덕적 기반 위에 서 있는 셈이 된다. 사용자로 하여금 다른 웹 사이트에 직접 접속할 수 있도록 핫 링크(hot links)를 해두는 것은 위법 행동의 한 사례가 될 수 있다. 핫 링크는 사람들이 디지털 자료원을 파악하는 방식, 디지털 자료원에 접속하는 방식을 결정할 수 있으며, 그것은 그러한 문제를 스스로 결정할 수 있는 출판사의 권리를 침해하는 것이기 때문에 문제가 된다. 만약 내가 다른 책들에 들어 있는 자료를 재출판한 어떤 책을 출판하려고 한다면, 나는 그 자료들을 이용하기 위한 허락을 받아야만 한다. 다른 디지털 자료원에 핫 링크된 웹 페이지를 만들어내는 것은 일종의 재출판(republication) 형태라고 볼 수 있기에 반드시 허락을 구해야만 한다.

저작권 위반을 두려워하는 것 대신에 어떤 회사들은 잠재적인 고객들의 내려받기 능력을 이용하기 위하여 사업 방식을 바꾸고 있다. 넷스케이프 커뮤니케이션 회사(Netscape Comminications Corporation)의 경우를 고려해보자. 이 회사는 자사의 최고 제품을 이용자들에게 무료로 제공하고 있다. 1994년에 실리콘 밸리의 전설적 인물인 클라크(James Clark)에 의해 설립된 회사다. 클라크는 전에 실리콘 그래픽스를 만들었던 사람이다.[12] 넷스케이프 회사는 사용자들로 하여금 월드 와이드 웹을 검색할 수 있게 해주는 인터넷 소프트웨어 프로그램인 넷스케이프 네비게이터를 만들었다. 이 브라우저는 인터넷에서 무료 이용이 가능하다. 넷스케이프는 회사 창립 17개월 만에 대중화되었으며, 그 회사의 주가는 천정부지로 치솟았다. 지금 그 회사는 정보 사회에서 하나의 산업 표준이 되고 있다. 지금 이 회사는 자사의 서버 상품 라인을 법인 고객들에게 판매하고 있는데, 이것은 법인 고객들이 인터넷에서 통신하고 사업하는 것을 가능하게 해주고 있다. 인터넷 사용자들로 하여금 자사의 상품을 내려받기하여 한 번 사용해보도록 권장하는 방식으로 사업을 시작했던 넷스케이프는 오늘날 천문학적인 돈을 버는 회사가 되었다.

4. 요 약

시와 같은 무형물들도 주택, 자동차, 다른 유형물들이 소유되는 방식과 마찬가지로 소유될 수 있다. 기업 비밀, 저작권, 특허법 등의 전통들은 지적 재산권 소유자들의 권리를 보호해주기 위한 기제로서 발전하여 왔다. 이러한 전통들은

---

12) Bottoms, "Jim Clark", 12.

정보 시대에서 지적 재산권에 대한 중요성이 증대함에 따라 더욱 미묘해지고 있다. 특히 소프트웨어는 이전의 지적 재산권 법률의 범주를 무색하게 만들고 있다. 이러한 혼돈의 시대 속에서 윤리학은 도덕과 법률 간의 중재 역할을 수행할 수 있다. 지적 재산권 존중은 지적 재산권 법률의 요지를 담고 있는 동시에 우리의 도덕적 의무를 일깨워주는 하나의 윤리학적 원리다.

애플 대 마이크로소프트 사건은 저작권법을 컴퓨터 시대에 더욱 적절하도록 만들고자 하는 시도를 예증해주는 '외양과 느낌'의 경우에 대해 명백한 입장을 나타낸 것이다. 애플사는 마이크로소프트사의 운영 체계가 자사의 매킨토시 데스크탑에 대한 저작권을 침해했다고 주장하였다. 휠런 대 에슬로우 사건의 재판은 소프트웨어의 비문자적 저작권 보호를 위한 문을 열어두는 계기가 되었으나, 브라운 백 대 사이먼테크 사건은 그 문을 닫게 하는 계기가 되었다. 애플 대 마이크로소프트 재판에서 판사는 소프트웨어 프로그램들간의 유사성을 결정하기 위해서 브라운 백 재판에서 확립된 해체 검사법을 사용하였다. 해체 검사법에 의해 두 회사간의 이전의 기밀 임대에 포함되지 않았던 매킨토시 GUI의 핵심 측면들이 비독창적이고 기능적이라는 것이 밝혀졌다. 이 때문에 애플사는 패소하였다.

우리의 삶은 점점 디지털화되고 있다. 이것은 컴퓨터 비트의 전송이 우리의 가장 중요한 처리 방식으로서의 전자 전송을 대체하고 있다는 것을 의미한다. 디지털 정보는 정신의 작용 방식과 유사하고 풍부하며, 우리가 멈출 수 없는 것이기에 이전의 정보 형태들에 비하여 더욱 가치 있고 강력한 것이다. 디지털 존재가 안고 있는 한 가지 문제는 컴퓨터 파일을 내려받고 복사하는 것이 아주 용이한 상황에서 어떻게 지적 재산권을 보호할 것인가 하는 문제다. 클린턴 행정부가 발표한 최근 백서는 범죄를 차단하는 것에만 치중하고 있을 뿐, 저작권법의 교육적·비상업적 가치를 높여주는 공정한 이용의 교의를 무시하고 있다. 두 가지 중요한 규칙들이 지적 재산권 보호의 두 가지 목적을 잘 일깨워주고 있다. 첫째, '기계당 한 번 복사'는 소프트웨어 해적 행위를 차단함으로써 혁신적인 기업의 상업적 이익을 존중해야 할 도덕적 의무를 우리에게 일깨워주고 있다. 둘째, '일시적인 개인적 이용을 위해서만 내려받기를 하는 것'은, 복사 행위가 출판사의 분배 통제권을 침해하지 않는 한, 일시적인 개인적 사용을 위하여 디지털 정보를 복사할 수 있는 도덕적 권리를 우리에게 일깨워주고 있다.

☞ 더 생각해보기

1. 1987년에 로버트 포스트(Robert Post)는 뉴욕시의 한 현금 자동 지급기에서 8만 6000달러를 무단 인출한 혐의로 체포되었다. 그는 이전에 현금 자동 지급기 수리공으로 일 했었다.13) 그는 현금 자동 지급기 주변에서 고객의 비밀 번 호를 어깨 너머로 알아낸 뒤에, 예금 계좌 번호를 알아내기 위해 그 고객이 버린 영수증을 찾아 모았다. 그후에 그는 1800달러를 들여 구입한 기계를 가지고 그 고객의 카드를 만들어내었다. 그는 위조된 카드가 사용될 때 경보음을 내 도록 프로그래밍된 현금 자동 지급기가 설치된 이후에 비로 소 체포되게 되었다. 자신의 범죄에 대한 심문을 받으면서 포스트는 자신은 '화이트칼라 범죄자'이지 폭력 강도나 도둑 이 아니라고 말했다. 그는 은행이 자신을 현금 자동 지급기 범죄를 예방하기 위한 기술 자문가로 고용하는 것 대신에 오히려 경찰에 고발하자 무척이나 놀라고 당황해 하였다.
포스트는 화이트칼라 범죄는 해롭지 않은 것이라고 생각 했던 것 같다. 그의 판단은 어떤 도덕적 가치를 지니고 있는 가? 그의 판단은 단순히 이기적인 것인가? 은행으로부터 일 을 제의받지 못한 것에 대해 포스트가 놀란 것은 그가 자신 이 행한 일에 대하여 일말의 후회도 느끼지 않고 있음을 나 타내는 것이다. 여러분은 그가 왜 도덕적 억제력을 상실했 다고 생각하는가?

---

13) Forester and Morrison, *Computer Ethics*, 15.

2. 1980년에 IBM 경영진은 자사의 새로운 PC를 위한 운영 체제를 만들기 위하여 마이크로소프트를 고용하였다. 당시 IBM 경영진은 소프트웨어가 궁극적으로 컴퓨터 자체보다 더 이윤이 남는 강력한 것이라고 생각하지 않았다. 그렇지 않았다면 IBM은 그 나름의 소프트웨어를 개발했을 것이고, 그랬다면 오늘날의 마이크로소프트사는 존재하지 않았을 것이다. 그러나 소프트웨어는 새로운 유형의 상품을 대변하고 있으며, 이것은 우리에게 몇 가지를 생각하게 만든다.

소프트웨어는 컴퓨터의 기능성을 변화시킬 수 있기 때문에 독특한 것이다. 컴퓨터가 할 수 있는 것은 컴퓨터의 전자 스위치를 작동시키는 법을 알려주는 소프트웨어에 의하여 결정된다. 하드웨어가 인간의 육체라고 한다면, 소프트웨어는 정신에 해당된다. 정신과 육체 둘 모두 필요한 것이지만, 정신은 통제 센터다. 통제 센터를 통제하는 것에 의하여 소프트웨어 회사들은 전통적인 거대 컴퓨터 제조 회사들이 받았던 각광을 가로채갔다. 컴퓨터 시대 이전에는 인간의 정신에 비견할 만한 제품들이 불가능했었다.

정신을 닮은 제품들은 지적 재산권과 디지털 존재의 가치와 중요성을 높여주었다. 그것들은 특히 저작권법의 적절성을 문제 삼게 되었다. 이러한 변화는 우리의 도덕에 어떤 영향을 주고 있는가?

§

제 3 장

프라이버시 존중

1987년에 레이건(Ronald Reagan) 대통령은 로버트 보크 (Robert Bork) 판사를 대법원 판사로 지명 추천하였다. TV 로 중계된 비준 청문회에서 민주당 의원들은 무엇보다도 개 인의 프라이버시에 대한 보크 판사의 미온적 입장을 크게 문제 삼았다. 아이러니컬하게도 그때 극성스러운 한 기자가 보크 판사가 빌린 비디오 목록을 입수하여 보도하였다. 이 같은 개인의 프라이버시 침해 — 누구도 판사나 다른 시민이 어떤 종류의 비디오를 보는지를 알 필요는 없다 — 는 많은 비판을 받았다. 보크 청문회가 열린 지 1년도 안 되어 레이 건 대통령은 비디오 대여 정보의 누설을 금지하는 법안에 서명하였다.

　1996년에 컴퓨터 자문가인 아론 내빌-이스트룬드(Aron Nabil-Estlund)는 자동차 소유주의 이름과 주소를 자동차 번호와 매칭(matching)[1]하는 오레곤주 교통부의 데이터베이스를 웹 페이지에 공개했다.[2] 그는 오레곤 주민들이 자신들의 신분을 다른 운전자들이 인터넷에서 알아낼 수 있다는 사실을 안다면 더 책임 있게 운전할 것이라고 생각했다. 그는 지나친 익명성이 무책임한 행동을 낳는다고 생각했다. 만약 다른 운전자들이 여러분의 이름과 주소를 안다면, 여러분은 자신의 무례함에 대해 다시 생각할 것이다. 데이터베이스를 공개한 지 일주일도 안 되어 수많은 방문자들이 이 사이버 자경단원의 웹 사이트를 방문했다. 주지사는 그에게 전화를 걸어서 그 웹 사이트를 임시로 폐쇄하도록 그를 설득했다. 많은 사람들이 자신의 이름과 주소가 공개되는 것을 원하지 않는다. 때때로 (예컨대, 스토킹과 같은 경우에는) 사람의 생명이 익명성에 의해 좌우되기도 한다.

불행히도 정보 시대의 데이터베이스가 개인의 프라이버시를 얼마나 위태롭게 하는지에 대한 이야기는 진부한 것이 되어버렸다. 우리 모두는 잘못된 정보나 조작에 의해서 신용이 훼손당한 사람들의 이야기를 알고 있다. 보험 회사는 우리의 의료 기록을 알고 있으며, 노련한 마케팅 담당자들은 우리가 무엇을 사고 어디를 가건 그것을 추적해서 알아낸다. 아마도 우리가 사용하는 전화 통화나 전자 우편 내용도 누군가에 의해 감시되고 있을지도 모른다. 100개 이상의 연방 기관들이 우리에 관한 정보를 수집하고, 그것을 자기

---

1) 역주 : 별도의 파일로 되어 있는 내용의 일부 또는 전부가 합치되어 있는가의 여부를 확인하는 것.
2) Oliver, "Oregon Vehicle Owners Pop Up on Internet", A1.

기관의 컴퓨터에 저장한다. 기관들이 상호 경쟁을 그만두고 그들의 모든 파일을 대조한다면, 그것은 아마도 하늘이 우리를 돕는 일일 것이다. 그렇지 않는 한, 우리는 정부가 소유한 우리 자신과 이웃들에 대한 상세한 데이터에 대해서 결코 알 수 없을 것이다.

　정보 시대의 초기인 1970년에는 미국인의 단지 3분의 1만이 프라이버시 침해에 대해 관심을 가졌다. 1977년에는 미국인의 2분의 1이 프라이버시에 관심을 보였으며, 1990년경에는 5분의 4에 해당하는 미국인이 프라이버시에 관심을 나타내었다.3) 우리들 각자의 개인 정보가 하루에 평균 다섯 번 이상 컴퓨터에서 컴퓨터로 전송된다는 사실을 고려해볼 때, 이러한 추세는 이해할 만하다.4)

　컴퓨터 데이터베이스는 거의 무한에 가까운 저장 공간을 가지고 있고, 우리가 빌린 비디오 대여 기록을 비롯한 모든 종류의 기록을 영구적으로 보존할 수 있다. 또한 데이터베이스는 찾기가 쉽기 때문에 단지 몇 초 안에 완전한 기록을 화면에 불러낼 수도 있다. 특히, 데이터베이스 기록은 변경과 복사가 용이하다. 지금까지 해커들은 별다른 어려움 없이 엄청난 양의 민감한 데이터에 무단으로 접근해왔다. 기술만능주의자들은 프라이버시 침해 문제를 컴퓨터에 대한 의존성 증대가 초래한 일시적인 문제로 보며, 그것을 암호화(encryption)에 의해 해결할 수 있다고 믿고 있다. 암호화는 비밀 키 없이는 데이터를 읽을 수 없도록 만드는 수학적

---

3) Eder, "Privacy on Parade", 39.
4) Ibid., 38.

보안 시스템이다.

확실히 우리는 민감한 정보를 안전하게 보호할 수 있는 부호와 기타 기술을 발달시킬 필요가 있다. 그러나 오늘날과 같이 복잡한 세계에서 프라이버시 문제는 그 이상의 훨씬 더 중요한 의미를 가지고 있다. 우리가 독특한 이력과 전기를 가진 한 사람의 개인으로 발달하기 위해서는 프라이버시가 필요하다. 지나치게 많은 개인들이 나의 이야기를 통제하게 된다면 어떻게 되겠는가? 이것은 정보 시대에 우리가 직면하는 중요한 개인의 정체성(personal identity) 문제다. 이 장에서 나는 프라이버시의 의의에 대해서 생각해보는 것이 얼마나 중요한지를 보여주고자 한다. 프라이버시 존중의 윤리학적 원리는 우리가 시장과 작업장과 정부 기관에서 프라이버시 보호의 도덕적 옹호자가 되어야 한다는 것을 우리에게 일깨워주어야 한다.

1. 도덕 · 윤리학 · 법

우리는 제2장에서 지적 재산권 존중의 원리가 도덕과 법을 어떻게 중재하는지를 살펴보았다. 복잡한 지적 재산권 법률과 상식적 도덕 사이의 간격이 점점 커지고 있기 때문에 윤리학에 의한 도덕과 법의 중재는 필수적이다. 그러나 프라이버시의 경우는 상황이 다르다. 프라이버시의 경우는 윤리학과 도덕과 법의 관계에 대한 다른 개념화를 요구한다. 프라이버시의 영역에는 지적 재산권의 경우에서와 같이 중세 시대에까지 거슬러 올라가는 강력한 법적 전통이 없다.

1970년의 '공정 신용 보고 법률(The Fair Credit Reporting Act)'은 미국이 프라이버시의 법적 보호에 대해 단편적 접근법을 취하고 있음을 보여준다. 무엇보다도 이 법은 신용기관들이 보관하고 있는 기록의 대상이 되고 있는 사람들에게 자신들의 기록을 이용할 수 있도록 허용할 것을 요구하고 있다. 그리고 이 법은 잘못된 정보를 수정할 수 있는 절차를 규정하고 있다. 이 법은 좋은 법이기는 하지만 단지 한 가지 산업, 즉 신용 보고업에만 한정된다. 물론 미국 사회의 다른 부문들, 예컨대 전자 자금 이체, 부채 수금, 케이블 통신 등과 같은 부문들을 규제하는 20개 이상의 연방 프라이버시 법률이 있다. 가장 포괄적인 법률은 1974년의 '프라이버시 법률(The Privacy Act)'인데, 이 법조차도 단지 연방 정부 기관들이 개인의 프라이버시를 보호하기 위해 해야 할 것만을 규정하고 있을 뿐이다. 이러한 단편적 접근법은 많은 결함을 지닌, 혼란스럽고 복잡한 시스템을 만들어내었다. 이것은 우리가 지적 재산권에 대해서 살펴본 바와는 다른 종류의 문제다.

지적 재산권법에서 난점은 기업 비밀, 저작권, 특허권의 전통을 컴퓨터 기술에 의해 야기된 새롭고 복잡한 세계에 적합하게 만드는 것이었다. 이 전통들은 '애플사 대 마이크로소프트사'의 판례에서 보는 바와 같이 느리게 수정되고 있다. 반면에 프라이버시 법률에서 난점은 사회의 모든 부문에서 프라이버시 보호를 위한 공통 표준을 확립하는 것이다. 비디오 대여 기록과 같은 특정한 문제를 포함하는 단편적인 법률들은 점점 더 많이 통과되는데 비해서, 프라이버시 보호를 위한 공통 표준을 확립하는 일은 느리게 진행되고 있다. 정보 시대에는 기술적인 지적 재산권 보호의 필요성이 증가하는 것과 똑같이 프라이버시 보호의 필요성이 크게 증가한다. 그러나 이 유사한 필요성들은 각각의 상이한 법적 전망 때문에 서로 다른 방식으로 충족되고 있다.

제2장에서 이미 살펴본 바와 같이 지적 재산권의 영역에서는 도덕이 법을 따라잡는 역할을 하고 있다. 이러한 상황에서 지적 재산권 존중의 윤리학적 원리는 우리로 하여금 권리를 침해당하기 쉬운 소프트웨어 및 기타 첨단 기술 제품을 판매하는 회사를 더 많이 배려하도록 만든다. 이에 비해 프라이버시 영역에서 도덕은 다른 역할을 한다. 우리는 미국 사회에서 포괄적인 프라이버시 보호를 이룩하기 위해서 우리 자신을 변화시키는 데에 보다 많은 주도권을 쥐어야만 한다. 보크 판사의 경우를 생각해보라. 첫째, 보크 판사의 프라이버시는 그가 빌린 비디오 목록을 입수한 기자에 의해서 침해되었다. 둘째, 그와 같은 행동에 반대하는 도덕적 항의가 있었다. 셋째, 의회는 신속하게 비디오 대여 기록의 프라이버시를 보호하는 법률을 통과시켰다. 프라이버시 존중의 윤리학적 원리는 우리가 충분한 프라이버시 보호를 요구하도록 우리를 고무시켜야 한다. 만약 우리가 많은 사람들이 보크 판사의 경우에서 보여준 바와 같은 도덕적 관심 — 심지어 분노 — 을 나타낸다면, 우리는 결국 포괄적인 프라이버시 보호를 쟁취할 수 있을 것이다.

[표 : 3-1] 윤리학의 고무적 역할

$$윤리학 \ \rightarrow \ 도덕 \ \rightarrow \ 법$$

[표 : 3-1]에서 보는 바와 같이 프라이버시 존중의 윤리학적 원리는 우리가 프라이버시 문제에 대하여 보다 많은 정보를 가지고 적극적으로 대처하도록 우리의 도덕을 고양시켜야 한다. 위기에 처한 것은 우리의 프라이버시다. 그리고 우리의 관심을 알리는 것은 우리 자신에게 달려 있다. 입법자들은 이 문제에 관해서 우리의 도덕적 지도를 따라야 하며, 그것과 다른 방향으로 나아가서는 안 된다.

대기업인 AT&T는 프라이버시 보호를 위해 높은 표준을 설정하는 데 도덕적인 솔선수범을 보여왔다. 모든 사원들은 고객의 프라이버시와 전화 통화 보안(및 기타 전송)에 대해 개인적 책임을 지도록 요구받고 있다. 사원들이 준수해야 하는 지침의 일부는 다음과 같다.

▷ 어떠한 전송도 조작하거나 그것에 간섭하지 말라.
▷ 대화를 엿듣거나 발설하지 말라. 그리고 감시하지도 말라.
▷ 통신으로부터 얻은 정보나 통신에 관한 정보를 개인적 이익을 위해 사용하지 말라.
▷ 장비의 배열이나 위치를 알려주는 소비자에 관한 정보를 인가받지 않은 사람들에게 누설하지 말라.[5]

---

5) Ibid., p. 40.

다른 회사와 다른 직종들도 프라이버시 문제에 관해서 똑같이 혁신적인 조치들을 취하고 있으며, 이에 대해 도덕적 책임을 지고 있다. 제1장에서 논의한 Marketplace : Households 제품을 공동 개발한 신용 보고 회사인 이퀴팩스는 1990년에 프라이버시에 관한 연간 조사를 실시하기 시작했다. 조사에 나타난 소비자의 관심을 반영함으로써 이퀴팩스는 신용을 확보하였고 소비자의 신뢰를 받고 있다. 또한 이퀴팩스는 개인의 신용 정보를 얻을 수 있는 24시간 무료 전화를 개설했으며, 회사의 데이터베이스로부터 나온 목록을 직접-마케팅 회사에 판매하는 행위를 중지시켰다.

도서관 업은 고객의 대출 기록을 보호하는 오랜 역사를 가지고 있다. 실제로 한 권의 책이 반납될 때마다 전에 누가 그것을 대출하였는지에 대한 모든 정보들이 말소된다. 대부분의 도서관 자동화 시스템에서 보크 판사나 여타의 시민들이 대출한 서적의 전자 목록을 화면으로 불러내는 것은 불가능할 것이다. 그러한 목록이 존재하지 않기 때문에 도서관 이용자의 프라이버시가 존중되고 보호될 수 있는 것이다. 이러한 것들은 법이 아니라 윤리학과 도덕이 우리의 고객과 이웃의 프라이버시를 보호하기 위해 필요한 것을 하도록 우리를 얼마나 고무시키는지를 보여주는 단지 몇 가지 예에 불과하다. 개인의 프라이버시가 사람들에게 중요한 문제라고 가정하고 사람들을 존중하는 것은 좋은 사업 감각을 가지도록 만든다.

끝으로 나는 '공정 정보 활동 규약(Code of Fair Information Practices)'이라 불리는, 1973년도 정부 보고서에 개관되어 있는 프라이버시 보호의 다섯 가지 목표를 언급하고자 한다. 이 규약은 그후에 이루어진 프라이버시 입법의 모델로 사용되었으며, 앞으로도 계속 그러한 역할을 해야 할 것이다. 이 규약은 또한 프라이버시 존중의 윤리학적 원리로 나아가기 위한 단초로서 활용될 수 있다. 이 다섯 가지 목표는 첨단 기술 정보 사회에서 프라이버시 보호가 무엇을 포함해야 하는지를 알려주는 구체적 지침이다.

1. 비밀 데이터 기록 보관 시스템이 존재해서는 안 된다.
2. 사람들은 자신에 관한 어떤 정보가 기록되고 그것이 어떻게 사용되고 있는지를 확인할 수 있는 기회를 부여받아야 한다.
3. 사람들은 정보를 수집하게 된 최초의 목적 이외의 목적에 개인 정보를 사용하는 것을 방지할 수 있는 기회를 부여받아야 한다.
4. 사람들은 자신에 관한 정보를 담고 있는 기록을 수정할 수 있는 기회를 부여받아야 한다.
5. 개인 기록을 만들고 사용하는 조직들은 데이터의 신뢰성을 확보해야 하고 그것의 오용을 방지할 수 있는 주의조치를 취해야 한다.6)

2. 우리 자신에 관한 이야기

빌 게이츠는 시애틀에 개인 신분 확인 핀(personal identity

---

6) Johnson, *Computer Ethics*, 96.

pin)을 지닌 손님을 추적할 수 있는 저택을 지었다.7) 그 핀
은 각 개인의 소재를 게이츠의 친구들과 다른 손님들의 개
인적 취향에 관한 기록을 저장하고 있는 컴퓨터 데이터베이
스에 전송한다. 그 핀을 지닌 손님이 방안에 들어서면 조명,
온도, 음악 등의 저택 시스템이 알맞게 조절되어 손님의 취
향을 만족시킨다. 그리고 벽에 설치된 전자 패널은 각 개인
의 취향에 알맞은 디지털 미술을 보여주기도 한다.

게이츠 저택의 손님이 되는 것은 세계 박람회나 카니발의
놀이 집에서의 경험처럼 특이하고 재미있는 경험일 것이다.
그러나 우리들 대부분이 단지 그것이 특이하고 재미있는 경
험이라는 이유만으로 게이츠 저택의 손님이 되는 것을 즐겁
게 여길지는 의심스럽다. 만약 '개인 신분 확인 핀'과 같은 추
적 장치가 흥미 있는 예외가 아니라 우리 사회에 일반적인 것
이 된다면, 그것은 아마도 재미있는 경험은 아닐 것이다. 게
이츠의 저택은 1949년에 발표된 조지 오웰(George Orwell)
의 소설 『1984』를 더 생각나게 한다.

윈스턴 스미스는 기술 사회의 전체주의를 풍자한 오웰 소설
의 주인공이다.8) 스미스는 교정 작가로서 진실성(Ministry of
Truth)에 근무한다. 그는 정부(대형 : Big Brother)의 3개년
발전 계획의 예상이 항상 들어맞도록 그 발전 계획을 고쳐
쓰는 임무를 담당하고 있다. 그의 생활은 도처에 설치되어
있는 정부의 양방향 텔레스크린9)에 의해서 감시된다. 스미

7) Gates, *Road Ahead*, 214-226.
8) Orwell, *Nineteen Eighty-Four*, 3-48.
9) 역주 : 송수신 겸용의 TV 스크린으로, 조지 오웰의 소설 『1984』에 나

스는 점심을 건너뛰면 감시당하지 않고 혼자 있을 수 있다는 사실을 우연히 알게 되었다. 그때부터 그는 비밀 잡지를 발행하기 시작한다. 그는 자신의 잡지에 대형(정부)의 나쁜 점을 폭로하였다. 그것은 그를 놀라게 하고 두려움에 떨게 만들었다. 그후 그는 오셔니아(Oceania)에 대해 불만을 가지고 있는 또 다른 시민인 줄리아를 만나 그녀를 사랑하게 된다. 그들은 불온 문서를 읽다가 사상 경찰에 체포되어 고문을 당한다. 소설은 세뇌를 당한 스미스가 마침내 자신이 대형을 얼마나 "사랑하는지를" 이해하는 것으로 끝을 맺는다.

스미스가 최초로 대형을 부정하게 된 것이 그가 홀로 사적인 시간을 가질 수 있게 되고난 다음부터라는 사실은 매우 교훈적이다. 스미스와 마찬가지로 우리도 공상이나 계획을 세울 시간을 가질 수 없다면, 타인의 손에 잡힌 인질에 불과할 것이다. 프라이버시 또는 개인적 자유는 자기 결정의 기초다. 그리고 미국 사회에 관한 한, 자기 결정은 자아 정체성의 기초다. 대형 — 호의를 가지고 있다고 말하는 상사나 마케팅 담당자 또는 정부 — 에 의한 지나친 감시는 자기 결정에 기초해서 정체성을 확립하는 우리의 능력을 손상시킨다.

만약 누군가 나에게 "너는 누구냐?"라고 묻는다면, 아마도 나는 그에게 나의 개인 신상에 관해서 이야기를 할 것이다. 만약 그 질문자가 내가 처음 보는 사람이라면, 나의 대답은 대략 이럴 것이다. 나는 사우스다코타에서 태어나서 자

오는 사찰 경찰이 국민을 감시하기 위한 장치.

랐으며, 아이오와대학을 졸업하고, 오레곤주 포틀랜드 교외에 있는 메릴허스트대학에 근무하고 있다. 만약 그 질문자가 나를 이미 알고 있는 사람이라면, 나는 아마도 나의 신상에 관해 보다 상세한 이야기를 할 것이다. 여기서 요점은 자기 이해가 항상 하나의 이야기로 표현된다는 것이다. 우리는 우리가 우리 자신에 대해서 말하는 이야기다. 세계의 위대한 문학 작품들이 증명하고 있는 바와 같이 우리는 우리의 출생, 투쟁, 승리, 임박한 죽음에 관한 것을 말하지 않고는 우리의 삶을 이해할 수 없다.

개인 데이터 수집가들 — 마케팅 담당자, 정부 기관, 고용주, 신용 기관, 보험 회사, 보건 기관 등 — 은 우리들 개개인에 관한 방대한 디지털 프로필을 구축하고 있다. 이 프로필에 보다 세부적인 데이터가 추가되면, 그것들은 우리가 누구인지에 관한 이야기를 말하는 우리 자신의 능력에 필적할 수 있는 인가받지 않은 강력한 "전기"가 된다. 이와 같은 일이 휴스턴의 어느 학교 선생님에게 일어났다. 누군가 그녀의 좋은 신용 내력을 도용해서 많은 어음을 남발한 결과, 그녀는 주택 저당을 거부당하였다.[10] 같은 일이 로스앤젤레스의 한 주민에게도 일어났다. 집주인에게 임차인에 관한 정보를 파는 어떤 회사가 실수로 그녀를 말썽 많은 임차인으로 분류해버렸다. 이 때문에 그녀는 아파트를 임대할 수 없었다.[11] 나는 우리가 자기 결정을 하기 위해서는 다른 사람들의 대본(scripts)으로부터 어느 정도 자유로워야 한다고

---

10) Forester and Morrison, *Computer Ethics*, 89
11) Ibid., 91.

믿는다. 이것이 오웰의 『1984』에서 얻을 수 있는 도덕적 교훈 가운데 하나다. 즉, 대형(Big Brother)이 내가 누구인지에 대해 나보다 더 상세한 정보를 많이 가지고 있다면, 개인의 자아 정체성 개념은 사라지게 된다.

프라이버시 존중의 원리는 정보 시대에서 이 독특한 자아 정체성의 문제에 관심을 가지도록 우리를 자극할 수 있다. 특히, 프라이버시 존중은 우리들 각자가 자신의 삶의 이야기를 쓸 수 있는 자기 창조(self-authoring)의 특권을 보호하기 위하여 최소한 두 가지 안전 장치를 확립할 것을 요구한다. 첫째, 데이터베이스 소유자는 개인의 사적 정보를 2차적 목적을 위해 사용하고자 할 경우에 사전 허락을 얻어야 한다. 예를 들어 오레곤주를 비롯한 많은 주에서 교통부는 자기 주의 시민에 관한 정보를 마케팅 회사에 판매한다. 교통부는 좋은 의도에서 어떤 구체적 목적 — 법이 요구하는 대로 자동차를 등록하고 운전 면허 시험을 통과하기 위한 목적 — 을 위해서 제공된 개인 정보를 다른 목적에 다시 이용하는 것에 대해 승인을 요구하지 않는다. 대신에 교통부는 자기들이 정보를 소유하고 따라서 하나의 제품처럼 그것을 팔 수 있다고 가정한다. 나는 그것이 비도덕적 가정이라고 생각한다. 왜냐 하면 그것은 자기 자신의 운명의 주인이 되고자 하는 시민들의 능력을 불필요하게 침해하기 때문이다. 전시와 같은 경우에 우리는 조국의 방어라는 더 큰 선을 위해서 우리의 개인적 자유를 포기해야만 한다. 그러나 교통부가 마케팅 목적으로 개인의 사적 정보를 재판매하는 것이 그렇게 중요한 더 큰 선을 산출할 것 같지는 않다.

둘째, 데이터베이스 소유자는 사람들에게 그들의 개인 파일에 있는 잘못된 기록을 수정할 수 있는 편리하고 자유로운 기회를 제공해야 한다. 누군가의 삶이 허위 신용 정보나 일부 다른 전자적 오류로 인해서 방해받는 것은 불행한 일이다. 오류는 불가피하다. 그러나 우리는 그러한 오류의 결과를 최소화할 수 있기 위해서 최선을 다해야 한다. 이상적으로 볼 때, 데이터베이스 관리자들은 적어도 1년에 한 번 이상 그들이 저장하고 있는 개개인의 정보를 검색해보아야 한다. 그리고 데이터베이스 관리자들은 각 개인들에게 그들의 프로필 사본을 보내야 하며, 기록이 잘못 되었으면 그것을 고치라고 권유해야 한다. 또한 각 개인들에게 자신들의 정보가 어떤 목적에 사용되고 있는지를 알려주어야 하며, 그것에 대해 그들의 동의를 얻어야 한다. 자유 사회에서 자기 결정의 권리는 이것 이상을 요구한다.

우리는 개인적 데이터를 자아의 연장으로 간주하고 그것을 살아 있는 개인을 존중하듯이 존중하는 법을 배워야만 한다. 그렇지 않으면 우리는 자기 결정을 가능하게 하는 프라이버시를 훼손하는 위험에 직면하게 된다. 우리가 사람들에 관한 사적 정보를 수집할 때, 우리는 그 사람의 신상에 관한 기초적인 이야기를 작성하고 있다는 것을 명심해야 한다. 우리는 도덕적 존경심에서 자유로운 시민들의 자기 창조의 특권을 존중해야 한다. 또한 우리는 개인적 데이터를 데이터베이스 소유자와 개인의 공동 소유물로 간주해야 한다. 따라서 우리는 개인들이 항상 자기들에 관한 어떤 정보가 말해지고 판매되는지에 대해 중요한 발언권을 가지도록 보장해야 한다.

3. 정책을 개발하라

1989년에 닛산자동차 회사는 캘리포니아 카슨에 있는 그 회사의 Infiniti 작업에 전자 우편 네트워크를 활용하기 위해서 보니타 보크와 론다 홀을 고용하였다.[12] 그들의 업무는 우편, 전화, 팩스 대신에 전자 우편을 사용하도록 판매상들을 교육시키는 것이었다. 회사의 경영진은 보크와 홀이 회사의 전자 우편 시스템으로 연애 편지를 교환하고 있다는 소문을 듣고 이들을 감시하기 시작했다. 이들은 회사로부터 그러한 행위에 대해 질책을 받았으며, 해고당할 수도 있다는 경고를 받았다. 보크와 홀이 프라이버시 침해에 대해 불만을 제기하자 회사는 그들을 해고해버렸다.

전자 우편 프라이버시의 문제는 정보 시대의 가장 눈에 띄는 논쟁적인 작업장 문제들 가운데 하나다. 많은 고용주들이 전자 우편 시스템을 회사 소유의 사업 수단이라고 생각한다. 그래서 그들은 피고용인들이 단지 사업 목적으로만 전자 우편 시스템을 사용할 수 있다고 생각한다. 그들은 종종 전자 우편 메시지를 서류 캐비닛에 보관되어 있는 영수증이나 서신과 마찬가지로 회사의 독점 재산이라고 가정한다. 반면에 피고용인들은 전형적으로 전자 우편 시스템을 전화와 유사한 통신 장치라고 생각한다. 그래서 그들은 종

---

12) Wiegner, "Trouble with E-mail", 46.

종 전자 우편 시스템은 업무 용도와 개인 용도에 모두 이용할 수 있으며 전자 우편 메시지는 개인 재산이라고 가정한다. 일부 고용주와 대다수 피고용인간의 이러한 인식의 차이는 많은 문제와 소송을 낳았다. 피고용인들의 잘못된 가정을 교정하기 위해서 그리고 피고용인들이 자신들의 프라이버시의 권리를 오해하지 않도록 하기 위해서 고용주는 전자 우편 정책을 공표해야 한다.

전자 우편 정책은 모든 사람이 알 수 있도록 간단하고 쉬운 말로 씌어져야 하며 널리 유포되어야 한다. 전자 우편 정책은 적어도 다음 사항들을 갖추고 있어야 하며, 애매함을 없앨 수 있다면 예를 사용해야 한다.

▷ 전자 우편 시스템의 목적이 무엇이며 그것이 어떻게 사용되어야 하는지
▷ 피고용인의 전자 우편은 어떤 조건 하에서 개인적 용도로 사용될 수 있는지
▷ 피고용인의 전자 우편은 어떤 조건 하에서 그리고 누구에 의해 감시되는지
▷ 피고용인의 전자 우편이 영구 저장을 위해서 파일로 보관되거나 복사되는지
▷ 전자 우편 시스템을 오용하면 어떤 결과가 초래되는지
▷ 전자 우편 감시나 프라이버시 문제에 대해서 불만이 있는 피고용인들이 무엇에 의지해야 하는지

만약 정책을 입안하는데 지침이 필요하거나 또는 상이한

몇 가지 정책들의 실례(實例)를 연구하고자 한다면, 당신은 전자 우편 협회(Electronic Mail Association)에 연락을 취할 수도 있다.13)

일부 회사들 — 제너럴모터스, 맥도넬더글라스, 워너브라더스, 시티뱅크와 같은 회사들 — 은 전자 우편을 완전히 사적인 것으로 만들었다. 이 회사들은 어떤 상황에서도 피고용인의 전자 우편을 결코 감시하지 않는 정책을 가지고 있다. 반면에 다른 회사들 — 앱손, 이스트맨코닥, 듀퐁, UPS, 패시픽벨과 같은 회사들 — 은 피고용인의 전자 우편을 조사할 권리를 유보해두고 있다.14) 만약 여러분이 일하는 회사가 어떤 전자 우편 정책을 가지고 있는지가 확실하지 않다면 조심해야 한다. 여러분은 전자 우편 메시지에 분노, 유머, 아이러니 또는 대문자를 사용하는 것을 피해야 한다. 왜냐하면 이것들은 쉽게 오해될 수 있기 때문이다.

닛산자동차 회사에 근무했던 두 여성에게 일어난 일과 마이크로소프트사에서 있었던 빌 게이츠의 전자 우편 로맨스의 행복한 결말을 대조해보라. 닛산은 전자 우편 시스템을 사용해서 연애 편지를 썼다는 이유로 보크와 홀을 해고했다. 이에 반해 빌 게이츠에 의하면 마이크로소프트사에서는 많은 로맨스 — 그 자신의 아내인 멜린다의 구혼을 포함해서 — 가 회사의 전자 우편 시스템에 의해서 도움을 받았다.15)

---

13) 1991년에 전자 우편 협회는 네 가지 다른 정책들의 장단점을 분석하는 보고서를 발간했다. 그 보고서는 전자 우편 협회에서 45달러에 구입할 수 있다. 전자 우편 협회의 주소는 '1555 Wilson Blvd., Arlington, VA22209.'
14) Casarez, "Electronic Mail and Employee Relations", 39.

여러분은 어떤 회사의 분위기를 선호하는가? 이것은 도덕적 문제다. 나는 프라이버시 존중의 원리가 두 가지 이유에서 마이크로소프트사의 분위기를 선호할 것이라고 생각한다. 첫째, 마이크로소프트사의 분위기가 전화 통화, 우편, 전자 우편을 포함한 여타의 유사한 통신 형식에 관해서 대다수의 미국인들이 가지는 프라이버시에 대한 기대와 더 잘 일치한다. 그러한 기대를 부정해야 할 이유가 없다. 컴퓨터에 기초한 텔레커뮤니케이션(원거리 통신)의 도래는 다른 역직관적인 차별을 하지 않고도 정보 시대의 삶을 충분히 복잡하게 만들었다.

둘째, 그것은 개인적인 전자 우편의 사용이 업무를 방해하지 않는다는 피고용인들의 판단을 존중함으로써 피고용인들에게 신뢰를 보여줄 수 있는 좋은 기회인 것처럼 보인다. 사람들이 일을 하면서 자신의 개인 생활을 전혀 언급하지 않을 수 있다고 가정하는 것은 비현실적이다. 그 역 또한 마찬가지다. 추측컨대, 유능한 피고용인들이 가지고 있는 자신의 업무에 관한 최상의 통찰들 가운데 일부는 가정에서 처음 떠오른 것이다. 충직하고 열심히 일하는 피고용인을 원하는 고용주는 가혹하거나 엄격한 듯이 보이는 정책을 확정하기 전에 다시 생각해보아야 한다.

1986년에 생긴 '전자 통신 프라이버시 법률(The Electronic Communications Privacy Act)'은 제3자가 전자 우편을 가로채는 것을 불법화하고 있으면서도 피고용인들의 전자 우편

---

15) Gates, *Road Ahead*, 143.

을 감시하는 고용주들로부터 피고용인을 보호해주지는 않는
다. 법을 통해서 이 문제에 대한 사회적 만장일치를 이루고자
하는 압력이 부족하기 때문에 우리는 최소한 분명하게 정해
진 회사의 정책을 요구해야만 한다. 또한 우리는 프라이버시
가 건전한 자아 정체감에 얼마나 중요한지에 대해서 유념하
도록 고용주들에게 도덕적 압력을 가할 수도 있다.

전자 우편 프라이버시는 작업장 프라이버시라는 보다 큰
문제의 한 가지 예에 불과하다. 기술이 발전함에 따라 피고
용인의 작업을 감시하는 것이 더욱 쉬워졌다. 예를 들어 피
고용인들이 컴퓨터 키보드를 치는 횟수를 관리자가 계산할
수 있도록 해주는 소프트웨어 프로그램이 있다. 이 때문에
많은 데이터 입력 노동자들이 직장을 유지하기 위해서 평균
적으로 1분당 더 많이 키보드를 쳐야 한다. 또 피고용인이
자신의 컴퓨터 화면으로 무엇을 보는지를 관리자가 관찰할
수 있도록 해주는 소프트웨어 프로그램도 있다.

디지털 감시의 적정 수준은 어느 정도인가? 디지털 감시
가 명백하게 피고용인을 무시하고 부당하게 피고용인에게
간섭하게 되는 때는 언제인가? 극히 단순한 양적 데이터에
근거해서 근로자의 작업을 평가하는 것이 과연 현실적인 것
인가? 이것들은 머지않아 우리들이 직면하게 될 논쟁적인
도덕적 물음들이다. 한편, 고용주는 피고용인들에게 정직하
지 않으면 안 된다. 만약 작업이 전자적으로 감시된다면, 고
용주는 그러한 사실을 명료하게 표현되고 널리 유포된 문서
화된 정책에 명시해야 한다. 자동화된 작업장은 우리들 대
부분에게 비교적 새로운 경험이기 때문에 정책이 특히 중요

하다. 우리의 기대는 아직 정해지지 않았다. 그리고 우리의 기대는 종종 우리가 컴퓨터를 얼마나 잘 이해하느냐에 따라 달라진다. 고용주들은 모든 사람이 그들이 달성해야 할 바와 또 그들이 평가되는 방법을 이해할 수 있도록 보장하는 조치를 취해야 한다.

내가 생각하기에, 첨단 기술 작업장은 점점 더 병원과 대학의 연구 환경과 유사하지고 있다. 연방 보조금을 받는 모든 연구소는 자발적으로 과학적 연구의 피실험자가 된 사람들의 프라이버시와 존엄성을 보호하기 위한 절차를 명시하고 있는 정책 지침서를 가지고 있어야 한다. 그리고 이 보호 조항들은 피실험자들이 그들이 감수해야 하는 위험과 잠재적 이익을 이해할 수 있도록 하기 위해서 최선을 다해 시행되어야 한다. 기만적 실험 계획이나 피실험자를 괴롭히는 실험 계획들 — 예를 들어 새디즘을 추구하는 인간의 능력을 검사하기 위해서 누군가에게 동물에게 전기 충격을 가하도록 하는 실험 — 은 비도덕적인 것으로 거부되어야 한다. 고용주들은 그들의 피고용인들을 어떻게 대우해야 하는지에 대해 연구 공동체의 윤리 지침서에서 많은 것을 배울 수 있을 것이다. 연구 공동체의 윤리 지침서의 기본 전제는 사람은 행복하기 위해서 자율성(또는 자기 결정)을 요구할 뿐만 아니라 그 자율성을 발휘할 사적 공간이 필요하다는 것이다. 피고용인들이 자신의 일에서 행복을 느낄 기회를 가지기 위해서는 얼마만큼의 자율성과 프라이버시가 필요한가? 나는 일부 고용주들이 생각하는 것보다 더 많은 자율성과 프라이버시가 필요하다고 생각한다.

4. 요 약

컴퓨터는 사실상 거의 모든 것에 관한 데이터를 쉽게 저장하고 재생하기 때문에 정보 시대에 우리의 개인적 프라이버시는 위험에 처해 있다. 마케팅 담당자, 신용 기관, 보험업자, 고용주 그리고 정부 기관들은 우리들 개개인에 관한 방대한 기록을 축적해왔다. 문제는 이 모든 개인적 데이터 프로필들을 어떻게 악용의 위험에서 지키느냐 하는 것이다. 암호화가 이러한 보안 문제에 대한 첨단 기술적 해결책으로 각광받고 있다. 보다 심층적인 도덕적 차원에서 보면, 프라이버시의 침해는 우리의 개인적 정체감을 위협한다.

미국의 법률은 프라이버시 보호 문제에 대해서 단편적 접근법을 취해왔다. 이로 인해 이 문제에 대한 지속적이고 포괄적인 관심을 이끌어내는 데 어려움을 겪고 있다. 윤리학은 우리가 개인적 프라이버시에 대한 강력한 도덕적 옹호자가 되도록 고무함으로써 포괄적인 법적 보호의 부재에 따른 결함을 보상할 수 있도록 해준다. AT&T와 이퀴팩스 같은 회사들이 프라이버시의 권리에 대한 도덕적 지지를 보여준 전형적인 예다. 그들은 고객들의 프라이버시를 보장하는 조치를 취함으로써 고객들의 신뢰를 받았을 뿐만 아니라 그들의 사업 전망도 밝게 만들었다. 프라이버시 존중의 원리는 '공정 정보 활동 규약'에 명시되어 있는 프라이버시 보호의 다섯 가지 목표—사람들에 관한 비밀 기록을 보관하지 말라 ; 어떤 기록들이 보관되고 또 그것들이 어떻게 사용되고

있는지에 대해 사람들이 알 수 있도록 허용하라 ; 개인 정보
를 2차적 목적에 사용하는 것을 사람들이 거절할 수 있도록
허용하라 ; 오류의 수정을 허용하라 ; 개인 기록의 악용을 금
지하라 ― 를 생각나게 한다.

만약 "대형(Big Brother)"이 우리에게 일체의 개인적 프
라이버시를 허용하지 않는다면, 오웰의 『1984』에서 윈스톤
스미스가 그랬던 것처럼 우리의 자아 정체성은 파괴될 것이
다. 프라이버시는 자아 정체성의 필수 요건 가운데 하나다.
우리는 우리가 살아온 이야기이자, 우리가 우리 자신에 대
해서 말하는 이야기다. 데이터 수집가들이 "소유하고" 있는
우리에 관한 프로필은 우리가 누구인지에 대해 말하는 우리
자신의 능력에 비견되는 기초적 이야기다. 우리는 프라이버
시의 침해가 우리의 자아 정체성을 얼마나 위협하는지를 이
해해야 한다. 그리고 바로 여기에서 프라이버시 존중의 원
리가 가장 필요하게 된다. 우리들 각자가 자신의 삶의 이야
기를 쓸 수 있는 자기 창조(self-authoring)의 특권을 보호
하기 위해서 프라이버시 존중은 데이터베이스 소유자들에
게 최소한 두 가지 안전 장치를 요구한다. (1) 개인의 사적
정보를 2차적 목적에 사용하는 경우, 데이터베이스 소유자
들은 사전에 허락을 얻어야 한다. (2) 데이터베이스 소유자
들은 사람들에게 자신에 관한 잘못된 기록을 고칠 수 있는
자유로운 기회를 부여해야 한다.

전자 우편 프라이버시에서 논란의 대상이 되고 있는 것은
작업장 문제다. 일부 회사들은 전자 우편이 단지 업무 목적
으로만 사용되어야 한다고 결정하고, 전자 우편 시스템의

적절한 사용을 위해서 피고용인의 전자 우편을 감시한다. 반면에, 다른 회사들은 피고용인들이 전자 우편을 업무 목적 외에 개인적 목적으로 사용하는 것을 허용하고, 보통 전자 우편 시스템을 감시하지 않고 이것을 보장한다. 전자 우편 시스템 관리에 이러한 차이가 존재하는 한, 고용주들은 피고용인들에게 그들의 프라이버시의 권리에 관해 알려주는 전자 우편 정책을 공개해야 한다. 대부분의 피고용인들은 전자 우편이 전화 통화와 마찬가지로 사적 통신의 일종이라는 기대를 가지고 있다. 그리고 이것이, 전자 우편이 실제로 어느 정도까지 사적 통신인지를 알려주는 정책의 도덕적 중요성을 증대시킨다. 정책의 공개는 자동화된 작업장의 다른 프라이버시 문제에 대해서도 좋은 아이디어를 제공한다. 만약 당신이 피고용인들의 작업량을 컴퓨터로 감시한다면, 당신은 미리 피고용인들에게 그러한 사실을 솔직하게 말해야 한다. 과학자 연구 공동체에서 연구 피실험자의 프라이버시와 존엄성을 존중하기 위해 보여준 윤리학적 고려들은 디지털 근로 환경에서 피고용인의 프라이버시와 존엄성을 존중하기 위한 하나의 모델이 될 수 있다.

☞ *더 생각해보기*

　1. 1989년에 앱손 아메리카사는 캘리포니아 토랜스에 있는 전자 우편 시스템 설비를 관리하기 위해 앨래나 쇼어스를 고용했다.16) 그녀의 업무는 전자 우편 사용을 증가시켜서 회사의 장거리 통신 비용을 절감할 수 있도록 하는 것이었다. 전국으로 전자 우편 메시지를 보내는 것이 팩스나 텔렉스를 보내는 것보다 비용이 훨씬 적게 든다. 쇼어스가 그 업무를 맡았을 당시 앱손사 사원들의 48%가 전자 우편을 사용하고 있었다. 9개월 후, 그녀는 전자 우편 사용자의 수를 98%까지 끌어올렸다. 쇼어스는 전자 우편 메시지가 전통적인 우편처럼 비밀 보장이 잘 된다고 사원들을 납득시킴으로써 많은 사원들에게 전자 우편 시스템을 사용하도록 권장했다. 그녀는 사원들에게 회사 안의 누구도 그들의 비밀 번호에 접근할 수 없으며, 그리고 이것이 그들의 전자 우편 계정의 프라이버시를 보장해준다고 말했다. 그러나 쇼어스는 전자 우편이 앱손으로부터 전자 게이트웨이(gateway)17)를 통해 MCI(machine check interrupt : 기계 검사 인터럽트)18)로 지나갈 때, 그녀의 상관이 회사의 전자 우편을 중간

---

16) Alderman and Kennedy, *Right to Privacy*, 310 ; Bjerlkie, "E-mail", 14-15.

17) 역주 : 통신 절차 등이 서로 다른 네트워크 시스템간에 통신을 중계하는 부분 혹은 장치를 말한다. 예를 들면, LAN에서 다른 시스템과 데이터를 수수하는 컴퓨터가 게이트웨이다. 또 상용 네트워크 서비스에서는 어떤 네트워크에서 다른 네트워크로 접속할 수 있는 기능을 가리킨다.

18) MCI(machine check interrupt ; 기계 검사 인터럽트)는 장치의 오작

에서 가로채고 있다는 것을 발견했다. 그 상관의 책상에는 복사된 전자 우편 메시지가 수북히 쌓여 있었다. 쇼어스는 그녀가 전자 우편 교육 강좌에서 장담했던 프라이버시 보호와 모순되는 이 같은 프라이버시 침해에 대해 그녀의 상관과 대립했다. 그녀의 상관은 그녀에게 간섭하지 말 것을 경고했다. 그래서 그녀는 최고 경영자(CEO)에게 그녀의 불만을 토로했다. 얼마 후 쇼어스는 해고되었다. 쇼어스는 앱손을 상대로 두 건의 소송을 제기했으나 패소했다.

전자 우편에 관한 여러분의 예상을 검토해보라.

회사는 '전자 통신 프라이버시법'이 허용하고 있는 바대로 사원의 전자 우편을 회사가 원하는 대로 처리할 권한을 가지는가? 쇼어스의 상관은 전자 우편의 비밀이 보장되지 않음에도 불구하고 쇼어스로 하여금 사원들에게 전자 우편의 비밀이 보장된다고 말하도록 했다. 이 점에서 그녀의 상관은 부정직했다. 이와 같이 명백히 부정직한 행위에 대해서 우리가 할 수 있는 일은 무엇인가? 비도덕적 행위에 대해서 법적 책임을 물어야만 하는가?

2. 여러분이 엄격한 프라이버시 정책을 방금 채택한 어떤 회사의 마케팅 부서에서 근무하고 있다고 가정하자. 이 새 정책에는 (소득 수준과 같은) 고객의 개인 정보를 광고 목적

___

동 또는 오류에서 기인하는 인터럽트. 기계 오작동의 원인이 되는 요소로는 프로세서, 프로세서 기억 기구, 제어 기억 기구 또는 채널 그룹 등이 있다. 이 중의 어느 것인가가 올바르게 작동하지 않았을 때는 하드웨어가 그 오작동을 정정하려고 한다. 회복되지 않았을 때는 기계 검사 인터럽트가 발생하여 회복에 실패했다는 것을 인터럽트 코드에 나타낸다.

으로 사용할 때는 반드시 고객의 허락을 받겠다는 고객에 대한 약속이 포함되어 있다. 여러분의 상사는 고민하고 있다. 그녀는 여러분에게 제품을 광고하면서 동시에 고객들에게 광고 캠페인 참여 여부를 통지하고 비용을 줄일 수 있는 대량-우송 전략을 기획하라고 요구한다. 약간의 사전 작업 끝에, 여러분은 가장 직접적이고 철저한 전략은 참여를 원하지 않는다면 표시를 해서 보내달라는 내용의 회송용 우편엽서를 잠재적인 광고 캠페인 참여자들에게 보내는 것이라고 결정했다. 또한 이것은 가장 저렴하고 시간을 절약할 수 있는 안이기도 하다. 이에 대한 대안으로 여러분이 고려하고 있는 전략은 우편 광고의 하단에 고객들이 원하지 않는다면 캠페인에 참여하지 않을 권리가 있다는 것을 알려주는 문구를 포함시키는 것이다. 그러나 이럴 경우, 고객이 주도권을 쥐게 되며, 참여를 원하지 않는 고객은 편지를 써야 하는 비용이 발생하게 된다.

이 전략은 캠페인의 비용을 증가시키지는 않는다. 그러나 과연 그것이 새로운 정책의 도덕적 의도를 충족시키기에 적합한가? 프라이버시 보호의 "수동적" 기회 — 프라이버시 보호를 위한 행동을 고객들에게 맡겨두는 것 — 와 회사가 솔선해서 프라이버시 보호를 위한 모든 조치를 취하는 "능동적" 기회 사이에는 도덕적 중요성에서 차이가 없는가? 이 문제에 관해서 잠시 생각해보자.

§

제 4 장

공정한 표시

제인 오스틴(Jane Austen)의 소설 가운데 여러 편이 최근에 영화로 만들어졌다. 오스틴의 소설은 19세기 영국의 예절(manners)에 관한 이야기다. 예를 들어 『오만과 편견』에서 오스틴은 잡담 속에서 이루어지는 사람들의 성품에 대한 판단 뒤에 숨어 있는 비열한 동기를 조사한다.[1] 엘리자베스 베넷 양은, 그녀 자신이 다시(Darcy) 씨에게 많은 유감을 가지고 있었음에도 불구하고, 다시 씨의 속물 근성에 대한 평판이 부당하다는 것을 발견한다. 오히려 그는 매우 과묵하고 소극적인 사람이다. 이것도 일종의 결함이기는 하지만 오만과 같은 악덕은 아니다. 사실, 이 소설에서 도덕적 교훈의 대상이 되는 것은 베넷 양의 편견 — 즉, 다시 씨에 관한 다른 사람들의 판단을 먼저 적절하게 검토하지도 않고, 다

---

1) Austen, *Pride and Prejudice*, 51-61.

른 사람들의 말을 그대로 믿어버린 편견 — 이다.

나는 오스틴의 소설이 이 시대에 특별한 호소력을 가진다고 생각한다. 왜냐 하면 우리들 가운데 많은 사람들이 좋은 예절이 더 이상 교육되지도 않고 긍정되지도 않는다는 막연한 느낌을 가지고 있기 때문이다. 불행히도 오늘날의 삶은 교양-예의가 부족한 것처럼 보인다. 오늘날 우리의 삶에 예의가 부족함을 드러내는 한 가지 분명한 지표는 소송의 발생률이 증가하는 것에서 볼 수 있다. 우리가 거의 모든 것에 대해서 서로 소송을 제기하는 데 비해서, 오스틴의 소설에서 분쟁은 개인의 명예를 무엇보다도 소중히 여기는 사회적 맥락 안에서 해결된다.

이것은 약간 이상한 것처럼 보일 수도 있다. 그러나 오스틴이 살았던 19세기 농업 사회를 뒷받침해온 정직과 명예라는 동일한 도덕적 틀이 또한 우리 시대의 첨단 기술 상업 세계를 뒷받침하고 있다. 판매자와 고객 사이의 상업적 교환은 신용과 약속 준수에 토대를 두고 있다. 우리가 어떤 제품 — 가령, 소프트웨어 프로그램 — 을 구매할 때, 우리는 그 소프트웨어 프로그램을 만든 회사를 신용하고 있다. 특히 우리는 그 회사가 우리에게 선전용 광고 자료나 보증서에 광고하거나 약속한 대로 작동하는 물건을 팔고 있다고 믿는다. 만약 그 프로그램이 너무 많은 버그(bug)2)를 가지고 있

---

2) 역주 : 프로그램 실행중에 생기는 착오 또는 오작동의 원인이 되는 프로그램 불량 개소를 말하는데, 이것은 주로 명령의 잘못 사용에 의하여 생기는 문제로, 잘못된 논리 처리를 일으키거나 실행이 정지되는 경우도 있다.

다면, 우리는 그 제조업자가 그것에 관해 무언가를 해주기를 기대한다. 만약 정직과 서비스에 대한 이 같은 규범적 구속이 미리 존재하지 않았다면, 우리가 익히 알고 있는 사업 관행은 가능하지 않을 것이다.

20세기에 들어 삶이 보다 복잡해짐에 따라 사업 관행의 기본적인 도덕적 틀을 지탱하기 위해 점점 더 많은 법률들이 통과되었다. 책임법(liability law)은 그것의 다양한 범주에 걸쳐 제조업자와 서비스 판매자의 책임 수준을 규정하고 있다. 아이러니컬하게도 책임법 자체가 너무 복잡하고 포괄적인 것이 됨에 따라 그것의 본래의 목적 — 복잡한 사업 세계에서 정직과 도덕적 완전성(moral integrity)이 존중되도록 보장하는 것 — 은 없어지고 잊혀졌다. 특히, 큰 사업에서 사람들은 양심이 요구하는 것보다 법이 요구하는 것에 더 많은 관심을 가지는 것처럼 보인다.

법이 도덕보다 더 중요하게 될 때가 바로 말썽의 확실한 표시다. 법적 판단의 위협보다는 양심이 훨씬 더 좋은 동기유발의 기제다. 확실히 법은 (양심처럼) 정직을 고취하기보다는 자신의 이익을 위해 법을 이용하고자 하는 욕망을 부채질한다. 나는 우리가 미국에 법률주의적 사회를 만들어왔다고 생각한다. 이 법률주의적 사회는 법이 부지중에 도덕과 경쟁하고, 도덕을 희생시키기 때문에 마땅히 그래야 하는 것보다 덜 도덕적이다. 그 결과 우리는 우리의 모든 문제를 해결하기 위해서 너무나 빈번히 변호사에게 의지한다. 이러한 현상은 사업에서 가장 분명하게 드러난다.

공정한 표시의 윤리학적 원리(the ethical principle of fair

representation)는 저울추를 도덕쪽으로 약간 돌려놓도록 만들 수 있다. 그렇게 되면 법은 부정직이 발생할 소지가 있다고 생각될 수 있는 모든 상황을 경찰서로 가져가는 과도한 부담을 지지 않아도 된다. "공정한 표시"는 주로 판매자가 그들의 제품과 서비스를 고객들에게 알리는 방식과 관계된다. 첨단 기술 사업 분야의 치열한 경쟁 문화에서는 제품의 성능이나 그 제품의 한계에 관해 고객을 속이고자 하는 (즉, 고객이 듣기를 원하는 것을 고객에게 말하고자 하는) 참을 수 없는 유혹이 종종 존재한다. 종종 판매의 압력이 (그렇게 함으로써 우리는 직업을 지킬 수 있다) 좋은 교육에서 생겨난 정직하고자 하는 성향을 무색하게 한다.

아서 밀러(Arthur Miller)의 『어느 세일즈맨의 죽음』은 비즈니스 생활에 내재한 냉혹한 현실을 아주 잘 묘사하고 있다. 밀러의 희곡은 윌리 로만의 슬픈 이야기를 들려준다. 로만은 기만당하고 해고당한 늙은 세일즈맨이다. 그는 자신이 가족을 도울 수 있는 유일하게 고상한 방법은 보험금을 타기 위해 자살하는 것밖에 없다는 결정을 내린다. 위험이 너무 높을 때, 도덕은 때때로 요점을 벗어난 사치처럼 보인다. '삶이 곤경에 처했을 때 도덕은 무익하다'는 이 같은 의식이 아마도 법의 지배에 대한 지나친 의존을 초래하는 듯이 보인다. 경쟁이 너무 치열해서 정직이 군더더기처럼 여겨지는 상황에서는 우리의 행동에 한계를 정해주는 법이 특히 정당한 근거를 가지는 것처럼 보인다. 법과 비교해볼 때, 도덕의 한계 가운데 하나는 책임(accountability)이다. 즉, 도덕에서는 설득 외에 다른 사람들의 정직과 선을 보증할 방법이 없다. 우리 사회와 같이 복잡한 사회에서는 두 종류의 강제 —
내적 강제와 외적 강제 즉, 도덕적 강제와 법적 강제 — 가
모두 필요하다. 그러나 우리 사회의 경우, 저울추가 법률주
의쪽으로 너무 기울어져 있는 듯하다.

　이러한 한계에도 불구하고 도덕은 사업에서 중요한 필수
적 역할을 하며, 결코 간과되거나 다른 것으로 대체되어서
는 안 된다. 아주 단순하게 정직, 비강제적인 판매 관행, 좋
은 서비스를 실천하는 회사들은 법을 최소한으로 준수하는
전략을 추구하는 회사들보다 결국은 더 많은 이익을 얻게
된다. 정직은 도덕적 규범이지 법적 규범은 아니다. 만약 당
신이 양을 기르는 데 도움을 주는 소프트웨어 프로그램을
설계했다면, 말을 기르는 데 사용할 소프트웨어를 구하는
어수룩한 목동에게 그것을 팔아서는 안 된다. 공정한 표시
는 우리의 고객들이 순진할 때 우리가 고객을 위한 도덕적
옹호자가 되어야 한다고 일러준다. 만약 당신이 소송을 피
하고 당신의 고객을 만족시키고자 한다면, 그들을 도덕적
공정성을 가지고 대해야 한다.

　한 놀라운 조사에 의하면 개발중인 소프트웨어의 75%가
상품화되지 못한다.[3] 이것은 정보 시대에 회사들이 새로운
제품의 판촉 활동을 벌일 때 매우 주의해야 한다는 것을 의
미한다. "베이퍼웨어(vaporware)" — 즉, 너무 일찍 발표되
어서 때때로 상품화되지 못하는 컴퓨터 제조물(소프트웨어,
하드웨어) — 의 유명한 사례들이 많이 있다. 1960년에 처음

---

3) Gladden, "Stop the Lifecycle, I Want Get Off", 35-39.

발표되어 아직까지도 시장 출시를 기다리고 있는 테드 넬슨의 *재너듀(Xanadu)*가 이러한 베이퍼웨어의 원조다. 마이크로소프트의 윈도우 1.0과 로터스의 1-2-3 스프레드쉬프트 그래픽 버전에 제공하기 위해 2~3년간 납품이 지연되는 것은, 베이퍼웨어에 비해 비록 도덕적으로 덜 중요한 것은 아니지만 그나마 나은 편이다. 공정한 표시는 우리가 베이퍼웨어와 같이 첨단 기술에 특유한 도덕적 문제에 대해 조심해야 한다는 윤리학적 조언이다. 그것은 또한 우리에게 정보 기술 제조업자와 판매자가 그들의 고객에 대해서 가지는 특별한 의무를 깨닫도록 해야 한다. 고객들이 값비싼 컴퓨터 시스템에 투자할 때, 그들은 동시에 그 시스템을 수리하고 경신하는(updated) 그 회사의 미래의 능력에 투자하고 있는 것이다. 우리가 이 장에서 앞으로 살펴보겠지만, 첨단 기술 제품을 구매하는 고객들은 특별히 판매자의 도덕 관념에 영향에 받기 쉽고 그것에 의존하고 있다.

1. 도덕 · 윤리학 · 법

제2장에서 우리는 지적 재산권법을 이전의 범주에는 적합하지 않은 정보 시대의 새로운 기술 — 특히, 소프트웨어 — 에 적용하는 문제를 논의했다. 소프트웨어는 기계인가 아니면 그것은 문서화된 텍스트인가? 그것이 기계라면 특허법의 지배를 받게 되고, 문서화된 텍스트라면 저작권법의 지배를 받게 된다. 사실상 소프트웨어는 이전의 지적 재산의 두 가

지 유형의 독특한 변종이다. 이러한 정보 시대의 제품들의 복잡성에 대응해서 지적 재산권법 자체가 극히 복잡하게 되었다. 이 같은 복잡성의 증대가 초래한 한 가지 결과는 도덕의 요구 — 우리의 도덕적 본능이 우리에게 선한 행위에 대해서 말하는 것 — 와 법의 요구 사이의 간격이 점점 커지는 것이다. 나는 앞에서 윤리학이 도덕과 지적 재산권법 사이의 간격을 줄일 수 있다고 주장한 바 있다.

판매자가 구매자를 위해서 져야 하는 법적 책임을 정하는 책임법의 경우에도 동일한 종류의 이중적 문제를 찾아볼 수 있다. 첫째, 정보 시대의 중추인, 전에는 결코 볼 수 없었던 소프트웨어를 어떻게 해석할 것인지에 대해 약간의 혼란이 있다. 그것은 일종의 제조물(제품)인가 아니면 서비스인가? 판매자의 이 두 가지 다른 범주(제조업자와 서비스 제공자)의 책임에 대한 관심사를 포괄하는 두 가지 다른 전통이 있다. 기계냐 아니면 텍스트냐의 논쟁에서처럼 소프트웨어는 이전의 법률의 범주에 도전하는 것처럼 보인다. 일반적으로 말해서 상점의 진열대에서 구입할 수 있는 '미리 제작된 소프트웨어'는 책임법에서 하나의 제품으로 간주된다. 이에 비해 단지 한 사람의 고객을 위해 설계된 '주문 생산된 소프트웨어'는 서비스로 간주된다. (일부는 미리 제작되고 일부는 주문 생산된) 혼합형 소프트웨어는 법률적으로 복합적인 방식으로 다루어진다. 예컨대, 미리 제작된 부분에서 문제가 발생하면, 제조물 책임(product liability)이 적용된다.

둘째, 판매자-고객 관계에 대해서도 우리의 도덕적 본능이 지시하는 것과 법이 요구하는 것 사이의 격차가 커지고 있다. 법은 때때로 그것이 도덕과 무관한 것처럼 보일 정도로 포괄적인 것이 되고 있다. 아이러니는 법의 목적이 도덕적 신뢰와 약속 준수가 존중되도록 보장하는 것이라 것이다. 그러므로 우리는 이 격차를 해소하기 위해서 지적 재산권법과 도덕 사이의 격차를 해소하기 위해서 했던 것과 똑같은 것을 할 필요가 있다. 즉, 윤리학이 우리가 이 문제를 조정하는 데 도움을 줄 수 있다. 그러나 이 경우에 공정한 표시의 원리는 지적 재산권 존중의 원리에서처럼 엄밀하게 '중재하는 역할'보다는 '*회복하는 역할*'을 해야 한다.

[표 : 4-1] 윤리학의 회복적 역할

법 → 윤리학 → 도덕

우리는 법률 체계에 가해지는 비현실적 압력을 완화하기 위해서 책임법의 도덕적 중요성을 회복할 필요가 있다. 법은 인간의 마음을 감시하지 못한다. 단지 도덕적 양심만이 이것을 할 수 있다. 그럼에도 불구하고 우리는 법이 사업상의 부정직이 생길 수 있는 모든 기회를 미리 방지해줄 것으로 기대하는 것처럼 보인다. 하지만 이것은 비현실적이다. 그것은 단지 방대한 내용을 가진 지나치게 많은 법에 의해 압도당하는 끔찍한 상황을 초래할 뿐이다.

[표 : 4-1]이 보여주는 바와 같이, 윤리학은 회복하는 역할을 함으로써 도덕과 법을 중재한다. 특히, 회복될 필요가 있

는 것은 개인의 책임감이다. 이 개인의 책임감이야말로 고객-판매자의 거래를 비롯한 모든 종류의 사회적 교류를 지탱하는 것이다. 복잡한 대규모 사회에서는 우리가 서로를 대우하는 방법이 정말로 중요하다는 것을 잊기 쉽다. 상호 수용 가능한 도덕적 행동을 보장하기 위해서 우리가 전적으로 법에만 의존할 수는 없다. 우리는 또한 우리에게 권고하는 윤리학을 필요로 한다.

윤리학은 회복적 역할을 통해 우리에게 책임법의 도덕적 근거를 가르쳐줄 수 있으며, 나아가 우리가 우리의 고객들과 사업 상대를 도덕적 존경심을 가지고 대할 수 있도록 해야 한다. 여러분이 사람들을 잘 대하면 그들도 여러분에게 호혜적으로 대하는 경향이 있다. 그렇게 되면 아마도 여러분에 대해 법적 조치를 취하는 것은 그들이 고려하는 최후의 수단이 될 것이다. 이것은 킹스톤 테크놀로지사가 이미 보여준 바와 같이 하나의 기업 전략이다. 존 투(John Tu)와 데이빗 선(David Sun) — 이들은 각각 상하이와 타이완에서 캘리포니아로 이민온 사람들이다 — 에 의해 1987년에 설립된 킹스톤 테크놀로지는 세계에서 두 번째로 큰 개인용 컴퓨터(PC) 부가 메모리 모듈 생산 업체다. 투와 선은 그들의 피고용인들과 원자재 공급자들과 고객들을 마치 가족처럼 대했다. 그리고 이것이 그들의 성공의 기반이 되었다. 그들은 같은 직종의 평균보다 많은 임금을 지급했으며, 회사가 망할 경우, 사원들 각각에게 적어도 1년 치 급여를 약속했다. 그 결과 사원 1인당 평균 270만 달러의 매출을 올렸다. 이것은 최상의 경영 성과를 올린 회사들 대부분을 능가하는 실적이다. 킹스톤 테크놀로지는 가격 문제로 자재 공급업자를 압박한다거나 주문을 취소한다거나 하는 등의 일을 절대로 하지 않으며, 어음도 미리 지불한다. 이 같은 예의바름(civility) 때문에 그리고 주문의 규모 때문에 킹스톤 테크놀로지는 삼성, 히타치, 모토롤라같이 콧대 높은 공급업자들로부터 언제나 최상의 가격 조건으로 물건을 구입하고 즉시 납품을 받는다.4)

믿기 어렵겠지만 투와 선은 수백만 달러짜리 거래의 대부분을 악수로 — 서면 계약 없이 신용으로 처리한다. 아마도 우리들 대부분도 그렇게 할 수 있을는지 모른다. 내가 주장하는 바는, 사람들을 도덕적 예의바름으로 — 더 나아가 친절로서 — 대하는 규범은, 그것이 계약 및 다른 법적 수단과 결부될 때, 성공적인 사업 활동의 기초가 되는 신뢰와 서비스 의무를 회복하는 데 도움을 줄 수 있다는 것이다. 도덕적 문화를 회복해야 하고, 법률적 행위의 빈도가 보다 적정한 수준으로 낮아져야 한다. 사람들은 친절과 도덕적 고려에 반응하게 마련이다. 나는 이 도덕, 윤리학, 법에 대한 논의를 법이 제품 — 컴퓨터와 미리 제작된 소프트웨어도 여기에 포함된다 — 판매에 대해서 규정하고 있는 책임의 범주를 간략히 살펴봄으로써 마치고자 한다. 이것은 법이 시장에서 도덕적 정직함과 공정함을 보장하기 위해서 어떤 시도를 하고 있는지를 이해하는 데 도움을 줄 수 있다. 또 그것은 공정한 표시의 원리가 소송을 피하기 위해서 우리에게 하라고 권유

---

4) "Doing the Right Things", 64.

하는 것이 무엇인지를 밝혀주는 단초 역할을 할 것이다. 이 책임의 범주는 엄격한 책임(strict liability), 하자 담보 책임(warranties), 과실(negligence)이다.

1) 엄격한 책임

미국에서는 시장에 제품을 내놓은 사람들에게 그 제품의 신빙성에 대해 책임을 지운다. 엄격한 책임은 가장 엄격한 형식의 법적 책임이다. 그것은 어떤 제품이 사람들에게 피해를 입히거나 재산의 손실을 초래했을 때 그들에게 상환청구권(recourse)을 제공한다. 엄격한 책임은 과실 없는 책임이다. 이것은 그 제품의 유해성을 미리 예측하거나 방지할 수 없었을 때도 제조업자와 판매자들이 책임을 져야 한다는 것을 의미한다. 짐 프린스(Jim Prince)는 미리 제작된 소프트웨어는 그것이 야기하는 적극적인 사회적 영향 때문에 법적으로 가장 엄격하게 다루어져야 한다고 주장했다. 첫째, 엄격한 책임 표준은 소프트웨어 개발자들에게 그들이 개발한 제품에 내재되어 있는 위험을 예측하고, 그것을 통제할 것을 촉구한다. 그렇게 함으로써 소프트웨어가 상품으로 유통되기 전에 충분한 주의를 기울이도록 보장할 수 있다. 둘째, 엄격한 책임은 소프트웨어 개발자에게 제품 자체와 (비용) 안에 보험 프로그램을 포함시키도록 강제함으로써 소프트웨어 제품의 피해 비용과 위험 비용을 가장 공평한 방식으로 분산한다. 여기서 기억해야 할 것은 서비스는 엄격한 책임 표준에 구속되지 않는다는 점이다. 이것은 소프트웨어의 경우에 주문 생산된 제품의 생산자는 엄격한 책임을 지지 않는다는 것을 의미한다. 왜냐 하면 주문 생산된 소프트웨어 제품은 서비스로 간주되는 경향이 있기 때문이다. 우리가 진열대에서 구입하는 로터스 1-2-3 스프레드쉬프트 프로그램처럼 완전히 상품의 유통이 이루어지는 제품만이 엄격한 책임 제품 지침 하에 있는 것으로 생각될 수 있다.5) 엄격한 책임에 관한 소송을 피할 수 있는 도덕적 방법은 없다. 왜냐 하면 제품이 야기할지도 모르는, 의도하지 않은 피해를 예측할 수 있는 방법이 없기 때문이다. 엄격한 책임은 도덕적 공정성의 범위를 넘어서 확대된다. 그러나 그것에는 (앞서 언급한 바와 같이) 도덕적으로 칭찬할 만한 이유가 있다.

2) 하자 담보 책임(Warranties)과 책임 부인(Disclaimers)

고객에 대한 법적 보호와 관계되는 하자 담보 책임에는 '묵시적 하자 담보 책임'과 '명시적 하자 담보 책임' 두 종류가 있다. 묵시적 하자 담보 책임은 고객과 판매자 사이의 모든 거래나 계약 관계에 대한 최소 수준의 법적 보호를 제공한다. 특히, 묵시적 하자 담보 책임은 제품의 의도된 목적 및 그것의 상품성(merchantability)에 대한 제품의 적합성에 관해 법적 보호를 보장한다. 판매자가 고객의 의도된 목적이 무엇인지를 알았을 경우, 그 판매자는 적합한 제품이나 시스템을 가지고 고객의 목적을 충족시켜야 할 몇 가지 책무

---

5) Prince, "Negligence" 848-855.

를 가진다. 반면에 상품성은 제품의 내구성과 관계된다. 즉, 제품이 정상적 조건 하에 있는 동일한 종류의 제품들의 기준에 맞는 수준에서 작동할 수 있어야 한다. 만약 컴퓨터 시스템이 분명한 이유 없이 반복적으로 작동하지 않는다면, 그러한 시스템은 묵시적 하자 담보 책임법에 의해 상품성이 없는 것으로 판단될 수 있다. 묵시적 하자 담보 책임으로 인해 판매자들은 자신들이 판매하는 제품에 관해 정직하고자 할 것이다. 이렇게 묵시적 하자 담보 책임은 판매자가 제품에 대해 정직하도록 만드는 몇 가지 보증을 제공한다. 묵시적 하자 담보 책임은 법이 사업 세계에서 도덕적 표준을 확고하게 보장하고자 노력한다는 것을 보여주는 가장 분명한 예다. 그러면 우리는 어떻게 하면 묵시적 하자 담보 책임의 위반과 관련된 소송을 피할 수 있는가? 그것은 우리가 고객을 도덕적으로 대하거나 아니면 고객에게 양심에 따라 정직하면 된다.

명시적 하자 담보 책임은 제품의 질과 관계되는 문제로서 문서화된 계약의 일부다. 명시적 하자 담보 책임은 보통 어떤 제품에 관해 약속이나 보장을 하며, 제품에 이상이 있을 경우 제조업자가 해야 할 바를 구체적으로 상술한다. 제조업자들은 일종의 소극적인 명시적 하자 담보 책임인 책임 부인 문구를 점점 더 많이 적어넣고 있다. 책임 부인 문구는 제조업자의 책임의 한계를 고객에게 알려준다. 마이크로소프트의 예를 보면, "마이크로소프트는 동봉한 소프트웨어 및 하드웨어 일체와 관련하여 상품성 및 특수한 목적 적합성이라는 묵시적 하자 담보 책임을 넘어서는 일체의 다른 하자 담보 책임 — 명시적이건 묵시적이건 — 을 부인한다."6) 책임 부인은 다소간 논란의 여지를 안고 있다. 그래서 그것은 합당한 수준을 넘어서지 않는 한에서만 법의 지지를 받는다. 여기에서도 고객들을 도덕적 존경심과 신중함을 가지고 대하는 강한 도덕적 헌신이 소송으로 이어지는 하자 담보 책임과 관련된 분쟁의 수를 줄이는 데 도움을 줄 것이라고 나는 믿는다.

3) 과실(Negligence)

과실은 전문적 서비스를 제공하거나 제품을 설계하는 일을 하면서 적절한 주의를 기울이지 않는 것이다. (엄격한 책임과 하자 담보 책임이 제조물 책임에만 관계하고 서비스 책임에는 관계하지 않는 데 비해서, 과실은 두 가지 모두에 관계한다.) 과실을 이유로 소송을 제기한 사람은 어떤 일 — 가령, 소프트웨어 프로그램을 개발하는 일 — 을 하는 과정에서 그 일의 전형적인 표준이 지켜지지 않았다는 것을 입증해야 한다. 좋은 소프트웨어를 구입하고자 하는 합리적인 사람이라면 먼저 그 소프트웨어가 적절하게 설계되고 검사되기를 기대할 것이다. 따라서 그와 같은 설계와 검사 과정에서 전형적인 표준을 따르지 않는 부주의는 과실이다. 정보 기술과 관련된 과실 책임 소송의 한 가지 난점은 정보 기술 산업이 비교적 새로운 분야이기 때문에 검사와 개발의 적절한 표준이 잠재적으로 부족하다는 점이다. 적절한 표준

---

6) Quoted from a "Microsoft Licence Agreement", envelope, 1990.

이 없다면 과실을 입증하기가 어렵다. 제품의 품질을 위해 우리가 할 수 있는 모든 것을 다하는 도덕적 헌신은 확실히 여기에도 도움을 준다. 정보 기술 분야는 너무나 예측 불가능하다. 언제 다음 세대의 처리기(processor)나 인터넷 접근 수단이 나타나서 이전에 사용하던 모든 것들을 쓸모 없는 것으로 만들어버릴지는 아무도 모른다. 이로 인해 신제품을 고안하고, 설계하고, 검사하고, 매매하는 과정을 가속화하는 것이 불가피하게 된다. 예를 들어, 넷스케이프는 회사 설립 후 단지 몇 달 만에 첫 번째 웹 브라우저를 베타 검사(beta-test)[7]를 받기 위해 내놓았다. 주의나 인내를 발휘하면서 계속 생존하기가 어려울 정도로 혁명적인 질서의 변화가 규칙적으로 일어나고 있다. 우리 시대의 속도는 훨씬 느린 시대에 발전된 전통적 도덕에 대한 커다란 도전이다. 우리는 이러한 도전을 의식하고, 필요할 때마다 신속하면서도 도덕적일 수 있는 적절한 방법을 발견해야 한다.

2. 여기도 버그, 저기도 버그

1994년 여름에 인텔사의 이사회는 자사의 펜티엄 마이크로프로세서 신제품에 약간의 결함이 있다는 보고를 받았다. 300만 개 이상의 트랜지스터 회로를 내장하고 있는 펜티엄

---

7) 역주 : 소프트웨어 개발에서 알파 검사 다음에 행하는 검사. 여기서는 사외 사람에게 의뢰하여 일정 조건의 사용 환경에서 실제로 사용하게 한다. 이 검사에서 버그가 없으면 실용성이 인정된다.

칩에 몇 가지 핵심 회로가 빠져 있었다. 그래서 이 펜티엄칩으로는 특정 유형의 수학 소프트웨어를 실행할 수 있도록 해주는 탐색 테이블(lookup table)에 접근할 수 없었다. 이 결함으로 인해 큰 수를 다른 수로 나눌 경우 때때로 틀린 답이 나오게 된다. 예를 들어, 4,195,835를 3,145,727로 나눈 다음, 여기에 다시 3,145,727을 곱하는 경우, 원래의 숫자가 답이 될 것이라는 우리의 기대와는 달리, 펜티엄칩은 정답에서 256이 모자라는 4,195,579를 답으로 제시하였다. 인텔사 이사회는 그 결함을 모두 새로운 칩 탓으로 돌리기로 결정했다. 그러나 그들은 이미 생산되어서 판매된 칩이나 선적 대기중인 칩에 대해서는 그 결함을 무시하기로 결정했다. 그들은 그 결함이 아주 사소한 것이기 때문에 대부분의 사용자들은 어떠한 문제에도 직면하지 않을 것이라고 믿었다. 그후 10월에 버지니아 출신의 한 수학 교수가 펜티엄의 결함에 관한 글을 인터넷에 공개했다. 이것은 신속하게 전파되었고 엄청난 논쟁을 불러일으켰다.8)

인텔은 11월이 되어서야 비로소 펜티엄칩에 결함이 있다는 사실을 공개적으로 시인했다. 그때서야 회사는, 결함 없는 칩이 정말로 필요하다는 것을 입증하는 고객에 한해서 칩을 교체해주겠다고 말했다. 11월말에 전국적 규모의 매스컴에서 이 이야기를 다루었다. 이 좋지 않은 소식으로 인해서 인텔의 주식은 폭락하기 시작했다. 그후 12월초에 IBM은 그 결함 있는 칩을 내장하고 있는 컴퓨터의 선적을 중단

---

8) Mason, Mason, and Culnan, *Ethics of Information Management*, 18-20 ; Price, "Pentium FDIV Flaw", 88 ff.

하기로 결정했다. 그사이에 사소하기만 했던 펜티엄 문제는 이미 대재앙이 되어버렸다.

마침내 1994년 12월 20일에 인텔 이사회는 그 문제에 대해 사과하고, 아무런 단서 없이 제품을 회수하여 결함 있는 칩을 모두 바꾸겠다고 발표하였다. 고객들은 단지 회사와 협의하기 위해 무료 전화를 걸기만 하면 되었다. 그 동안 조성되었던 위기는 이 조치로 인해 종결되었다.[9]

펜티엄칩 오류에 관한 히스테리 가운데 일부는 매스컴에 의해서 과장된 것이었다. 그러나 그것의 대부분은 정직한 도덕적 분노였다. 『PC 매거진』의 기사에 따르면, 인텔은 세 가지 점에서 우리를 실망시켰다. 첫째, 인텔은 문제가 있다는 것을 알고도 즉시 자신의 실수를 인정하지 않았다. 둘째, 심지어 인텔은 문제를 확인하고난 후에도 결함 있는 칩을 선적했다. 셋째, 인텔은 고객들에게 회사가 결함 있는 칩을 대체함으로써 문제를 해결하고자 한다는 확신을 주는 조치를 신속하게 취하지 않았다. 이러한 관찰 결과는 공정한 표시의 원리가 우리에게 무엇을 가르쳐주어야 하는지를 잘 암시해준다.[10]

정직은 모든 상업적 거래에서 가장 중요한 도덕적 덕목이다. 그리고 그것은 성공의 압력 때문에 종종 실천하기가 가장 어려운 덕목이기도 하다. 우리는 일부 사업 환경에 냉혹한 생존주의적 심성을 제공하는 경쟁의 비인간적 성격 — 어떤 사람은 이기고, 어떤 사람은 진다 ; 어떤 사람은 거래를

---

9) Kirkpatrick, "Fallout from Intel's Pentium Bug", 15.
10) Miller, "Once Lost, Can Trust Be Regained?" 79.

성사시켜서 보너스를 받는 데 비해서 또 어떤 사람은 판매를 하지 못해서 봉급도 받지 못 한다―을 간과해서는 안 된다. 영화 「글렌게리 글렌 로스(*Glengarry Glen Ross*)」는 수지를 맞추기 위해 판매를 해야 하는 압박감을 통찰력 있게 다루고 있다. 두 명의 주인공―그 중 하나는 잭 레몬이 연기했다―은 사업 동료이자 어떤 점에서는 친구다. 그들은 뜨거운 "감자"―즉, 그들이 속일 수 있을 것 같은 고객들의 전화 번호를 확보하기 위해서 무슨 일이든지 하고자 한다. 판매를 하고 봉급을 받아야 하는 급박한 필요성 앞에서는 우정과 도덕 심지어 법조차도 모든 의미를 상실한다.11)

인텔 이사회가 정직의 결정적 중요성을 간과하고, 펜티엄의 문제점을 즉시 고객들에게 알리지 않은 것은 이와 같은 경쟁의 무도덕적(amoral) 맥락에서는 이해할 수 있는 일이다. 그들은 아마도 경쟁에서 자신들을 보호할 수 있는 최상의 행위를 했을 것이다. 그러나 그들은 고객의 필요에 주의를 기울이는 것을 등한시했다. 왜냐 하면 고객의 필요는 경쟁에 기초하고 있지 않기 때문이다. 오히려 고객-판매자 관계는 도덕적 신뢰에 기초해 있다. 여러분이 일단 한 번 고객의 신뢰를 저버린다면 그리고 일단 부정직이라는 미끄러운 경사길로 발을 들여놓는다면, 사태는 급속히 악화된다. 여러분은 인텔사처럼 고객의 분노와 불신이라는 급속하게 커지는 눈사태를 만나게 된다.

1994년 여름에 정직하게 고백하는 편이 차라리 인텔에게

---

11) *Glengarry Glen Ross*, directed by James Foley (Rank / Zuprick Enterprises, 1992).

는 큰 도움이 되었을 것이다. 아마도 이사회는 소송에 대한 두려움 때문에 사과하지 못했을 것이다. 추측컨대, 성공적인 기업의 이사회는 도덕심보다는 경쟁심에 의해 움직이는 경향이 있기 때문에 그들은 자신의 실수를 고백할 생각을 하지 못했을 것이다. 자신의 약점을 공개하는 것은 경쟁자에게 전략적 이익을 가져다줄 가능성이 있다. 성공적인 사업 경영은 종종 갈등을 일으키는 다양한 목적들을(예컨대, 경쟁과 서비스) 포함하는 매우 복잡한 일이다. 그럼에도 불구하고 공정하게 말해서, 이 경우에는 인텔 이사회가 잘못했다. 왜냐 하면 인텔 이사회는 펜티엄칩에 대한 고객의 불만이 (*경쟁*의 맥락에서 이루어진 것이 아니라) 도덕의 맥락에서 이루어졌다는 것을 깨닫지 못했기 때문이다. 일단 수리가 이루어지기만 하면 고객들은 용서하지만, 그래도 그런 상황에서는 사과가 최선이다.

우리는 판매자-고객간의 성공적인 상거래에 필요한 신뢰의 분위기를 만들기 위해서 정직을 실천해야 할 뿐만 아니라 우리의 잘못의 결과에 대해서 도덕적 책임을 져야 한다. 1994년 여름에 단순히 고백하는 것만으로는 인텔의 모든 문제들을 시정하기에 충분하지 않았을 것이다. 우리는 또한 인텔이 결함 있는 칩의 선적을 중단하고 이미 판매된 결함 있는 칩을 교체하기를 바랄 것이다. 도덕은 반성에서 생기는 활동이다. 즉, 우리는 우리의 실수를 교정하고 우리의 도덕적 책임을 이행하기 위해서 무언가를 해야 한다.

내가 위에서 언급한 『PC 매거진』의 기사는 펜티엄 문제에 대한 인텔의 반응과 이와 유사한 문제에 대한 IBM의 최근 반응을 대조하고 있다. 필자는 설치 과정의 버그를 해결하기 위해서 OS/2 Warp 프로그램을 즉각 회수한 것을 IBM의 공로로 인정하고 있다. 수백만 개의 회로를 가진 마이크로프로세서와 수천 개의 코드 선을 가진 소프트웨어 프로그램을 사용하는 이 시대에 버그는 불가피하다. 상이한 프로그램들이 상이한 프로세서와 함께 섞여 있기 때문에 생각할 수 있는 상호 작용의 모든 오류를 예견하는 것은 불가능하다. 중요한 것은 인텔과 같은 대기업들이 IBM이 그랬던 것처럼 버그가 발생할 때마다 책임감을 가지고 신속하게 반응해야 한다는 것이다. 매우 경쟁적인 시장에서 사업을 하는데 내재하는 위험에도 불구하고, 정직하게 버그를 인정하는 것은 아주 중요하다. 왜냐 하면 그것은 버그를 해결하는 데 필요한 행동을 취하겠다는 결의이기 때문이다.[12]

1995년초에 인텔은 정책을 바꾸어 펜티엄 마이크로프로세서의 결함을 털어놓기로 결정했다. 인텔사는 결함이 발견되기만 하면 그것을 밝히기로 약속했다. 이것은 1994년의 큰 실수에도 불구하고 인텔의 도덕적 명성을 높일 수 있는 좋은 조치였다.[13]

요컨대, 공정한 표시의 윤리학적 원리는 고객을 위해 우리의 도덕적 서비스 의식을 끌어올려야 한다. 서비스는 먼저 다른 사람을 행복하게 해주어야 한다는 의무를 함의한다. 그것은 사업 활동과 이윤 추구 활동에 내재하는 가장 고귀하고 가장 이타적인 이상이다. 물론 우리는 한 번 실수로

---

12) Miller, "Once Lost, Can Trust Be Regained?" 79.
13) DeTar, "Intel Alters Flaw Disclosure Policy", 32.

인해 우리 자신의 생계를 비롯한 많은 것을 잃게 할 수도 있는 경쟁적인 사업 세계의 어두운 측면을 간과해서는 안 된다. 그러나 실제적인 현실주의가 도덕적 이상주의를 배제해서는 안 된다. 도덕적 이상주의 역시 인간의 경험 안에 기초를 두고 있다. 고객으로부터 판매자들로 확대되는 약속 준수하기, 정직하기, 신용 보호하기는 서비스에 대한 도덕적 요청의 본질적 측면이다.

마지막으로 공정한 표시의 원리는 회사들이 내부 고발 정책(whistle-blowing)을 채택하도록 고무할 수 있다. 만약 사원들이 진실을 말하고, 회사나 고객의 신용을 훼손하는 것처럼 보이는 상황을 보고하기를 바란다면, 문서화된 구체적 지침을 가지는 것이 도움이 된다. 내부 고발 정책은 무언가를 보고하는 사원이 밀고자가 아니라는 것을 분명히 해야 한다. 내부 고발의 목적은 동료들에 관한 험담을 하거나 그들을 해고시키기 위한 것이 아니다. 오히려 그것은 개인들이 자신의 일에 대해서 가질 수 있는 도덕적 관심사를 전달하기 위한 공명판이 되어야 한다. 내부 고발에 대한 비밀 유지가 정책에 미리 보장되어야 한다. 그리고 내부 고발을 위한 조언자나 상담자를 임명하는 것이 도움이 된다. 우주 왕복선 챌린저호의 비극적 폭발을 생각해보라. 그 사건은, 설계 기술자들 가운데 한 사람이라도 연료 탱크가 이상 징후를 보인다는 자신의 생각을 보고할 수 있었더라면 방지할 수도 있었던 비극이었다. 내부 고발 정책이 있었더라면 그러한 말을 할 수 있도록 용기를 주었을 것이고, 그렇게 되었다면 미국항공우주국(NASA)은 발사를 취소했을 것이다.

사원들에게 자신들의 선한 도덕적 감정을 비밀이 보장되는 가운데 안전하게 표현할 수 있는 기회를 주는 것은 좋은 적극적인 근로 문화를 확립하는 데 도움을 줄 것이다.

3. 보수적으로 행동하라

아메리칸 에어라인즈는 사브레(SABRE)라 불리는 자동 예약 시스템을 1976년부터 운영하고 있다. 사브레는 이 분야에서 최상의 것으로 여겨진다. 1986년에 AMR(아메리칸 에어라인즈의 정보 시스템 자회사)은 다른 사업 분야에 그들의 전문 기술을 판매함으로써 사브레의 성공을 활용하기로 결정했다. AMR이 먼저 관심을 가진 분야는 호텔 예약 분야였다. AMR은 항공기 예약의 경우 80%가 중앙 시스템을 통해 이루어지는 데 비해 호텔 예약은 겨우 20%만이 중앙 시스템을 통해 이루어진다는 것을 알았다. AMR은 마리어트, 힐튼, 버짓 렌터카와 협력하여, 고객의 여행, 숙박, 자동차 대여를 한 번에 해결하는 컨펌(Confirm)이라 불리는 다업종 예약 시스템을 설치하기로 결정했다.[14]

특히, 마리어트는 이미 효율적인 자체 호텔 예약 시스템을 가지고 있었지만 새로운 최첨단 시스템의 잠재적 이익에 마음이 끌렸다. 모두가 아메리칸 에어라인즈가 사브레의 성공으로 누릴 수 있었던 전략적 이익을 알고 있었다. 사브레

---

14) Oz, "When Professional Standards Are Lax", 29 ; Weinberg, "Budget Won't Budge", 20 ; Halper, "AMR Calls Confirm Partners Selfish", 4 ff.

와 아폴로(APOLLO : 유나이티드 에어라인즈의 자동 예약 시스템)가 여행사들이 이용하는 업종 표준이 되었기 때문에, 다른 항공사들은 사브레나 아폴로를 통해서 예약을 받을 수밖에 없었고, 그 대가로 로열티를 지불해야 했다. 다른 세 회사들이 이 대규모 사업에 자본을 투자하게 된 데에는 사브레의 놀라운 성공에 힘입은 AMR의 명성이 결정적 역할을 하였다.

컨펌 시스템과 같이 정교한 시스템을 개발하는 데는 많은 자금이 필요하다. 1988년 9월에 체결된 최초의 계약에서 계약 상대방들은 AMRIS(컨펌의 개발을 담당할 AMR의 자회사)에게 5570만 달러를 제공할 것을 요청받았다. 또한 그 계약서에는 시스템 설계 단계에 7개월이, 시스템 개발 단계에 45개월이 소요되기 때문에 컨펌을 1992년 7월까지 완성하겠다는 조건이 명시되었다. AMRIS는 또한 예약 1건당 비용을 1달러 5센트로 제한하겠다고 약속했다.

그러나 AMRIS가 설계 단계를 끝내는 데는 7개월이 아니라 1년이 걸렸다. 그해 말에 AMRIS는 계약 내용을 약간 수정했다. 프로젝트의 총비용은 5570만 달러가 아니라 7260만 달러로 수정되었으며, 예약 1건당 비용도 그 시스템 운용 첫해에 1달러 5센트가 아니라 1달러 30센트로 상향되었다. 그리고 컨펌을 완결하는 시점도 한 달 연장되었다. 이 시점에서 각 계약 당사자들에게는 프로젝트에서 빠질 수 있는 기회가 주어졌다. 그러나 아무도 그렇게 하지 않았다.

1992년 2월에 AMRIS는 개발 계획과 가격 조건에 또 다른 수정안을 제시하였다. 그 수정안에 따르면, 단지 힐튼호

텔만이 최초 계약 날짜인 1992년 7월까지 컨펌 시스템을 사용할 수 있었다. 새로운 가격 조건은 7260만 달러가 아니라 9200만 달러였다. 그해 여름 무렵 컨펌 프로젝트에 참여하고 있던 사원들의 절반이 새 직장을 찾고 있었다. 그들은 프로젝트에 문제가 있음이 확실함에도 불구하고 계속해서 비현실적인 스케줄을 고집하는 경영자들에게 불만을 느끼고 있었다.

1992년 4월에 힐튼호텔에서 실시된 컨펌 시스템에 대한 최초의 베타 검사에서 중대한 기술적 문제가 드러났다. 그러자 AMRIS의 회장은 계약 상대방들에게 편지를 써서, 그 프로젝트가 계획대로 진행될 수 없음을 고백했다. 그는 경영진이 무능했으며, 그들이 중요한 기술적 문제를 숨기고 있었다는 것을 인정했다. 그는 또한 기술진들이 다업종 시스템에 적절한 인터페이스와 데이터베이스를 구축하는 데 실패했다는 사실도 인정했다. 그는 컨펌 시스템이 완성되려면 아직도 15개월 내지 18개월이 더 필요하다고 결론지었다.15)

컨펌 프로젝트가 완성되기로 약속했던 1992년 7월에 그 프로젝트는 극복할 수 없는 기술적 난점으로 인해 폐기되었다. 그때까지 이 프로젝트에 소요된 자금은 총 1억 2500만 달러였다. 소송이 제기되었고, 1994년 1월에 재판이 끝났다.

컨펌의 이야기는 적어도 두 가지 점에서 교훈적이다. 첫째, 그것은 우리가 정보 시스템 설계 프로젝트의 결과를 예

---

15) Oz, "When Professional Standards Are Lax", 32.

측하는 것이 얼마나 어려운지를 이해할 수 있도록 해준다. 실제로 컨펌 프로젝트에 관한 이야기에서 유일하게 비정상적인 것은 소모된 자금의 양이다. 소프트웨어 개발 분야에서 이런 종류의 실패는 아주 일상적인 것이다. 결론적으로 정보 전문가들은 새로운 제품이나 서비스의 사용 시점을 약속할 때 특히 주의할 필요가 있다. 우리 인간은 종종 자신의 업무 수행 능력은 과장하고 문제는 축소하고자 하는 자연적 경향을 가진다. 예기치 못한 지연과 고장을 고려해서 다소 간 보수적으로 행동하는 것이 최선이다.

비현실적인 약속을 하고자 하는 유혹에 대한 좋은 해독제는 계획 과정에 융통성을 부여하는 것이다. 처음부터 최선의 시나리오와 차선의 시나리오를 개발하고, 고객들에게 예기치 못한 문제로 인한 지연의 가능성에 대해 알려주어야 한다. 그리고 이 신중한 계획 과정에서 가능할 때마다 업종 표준과 전문직 협회의 지침을 참조해야 한다. 처음부터 모든 주주들과 의사 소통하는 습관을 확립해야 하며, 지연과 난점에 관해 신속하게 그들에게 말해야 한다. 합의된 목표를 달성하기 위해서 최선을 다하겠다고 약속하는 것이 무슨 일이 있더라도 목표를 달성하겠다고 약속하는 것보다 더 정직하다. 공정한 표시의 원리는 우리가 이런 식으로 현실적이 되어야 한다는 것을 상기시켜주어야 한다. 컨펌 프로젝트의 경영자들처럼 단지 좋은 뉴스만을 보고 듣기를 원하는 경영자들은 아무런 근거도 없는 도덕적 입장에 자신들을 내맡기고 있는 것이다.

둘째, 컨펌의 이야기는 조직 내의 좋은 의사 소통 관행의 도덕적 중요성을 깨닫게 해준다. 정직은 도덕적 명령이다. 고객 및 사업 상대방과 거래할 때는 정직해야 한다. 나아가 피고용인들을 대할 때는 훨씬 더 정직해야 한다. 내가 생각하기에 종종 간과되고 있는 핵심적인 경영의 덕목은 겸손이다. 겸손(humility)은 진흙을 뜻하는 라틴어인 *humus*와 같은 어원을 가진다. 진흙 또는 흙과 마찬가지로 겸손한 사람은 쓰레기로 버려지거나 폐기된 것을 받아들여서 그것을 새롭고 신선한 것으로 바꿀 수 있는 능력이 있다. 우리는 보통 정직을 우리가 말하고 행위한 것에 관계되는 것으로 생각한다. 그러나 우리가 다른 사람들에게서 보고 들을 수 있는 것과 관계되는 정직도 있다. 그것이 내가 의미하는 겸손이다. 겸손한 경영자는 사원들의 관심사와 걱정거리를 받아들여서 그것들에 창조적으로 반응할 수 있다. 겸손한 경영자는 컨펌 경영자들처럼 나쁜 뉴스를 무시하지 않는다. 오히려 그와는 반대로 그들은 그것이 무엇이 되었건 기꺼이 자기 나름대로 진실을 듣고자 한다. 이런 이유 때문에 겸손한 경영자는 누구보다도 전개된 상황에 가장 잘 적극적으로 반응할 수 있다. 이것이 바로 공정한 표시의 원리가 상기시켜야만 하는 도덕적 삶의 또 다른 측면이다.

요컨대, 여러분이나 여러분의 회사가 달성할 수 있는 것을 과장하는 나쁜 버릇을 가지는 것보다는 보수적으로 행동하는 것이 더 낫다. 베이퍼웨어라는 새로운 용어는 너무 일찍 발표된 존재하지 않는 정보 기술 제품을 묘사하기 위해서 만들어졌다. 컴퓨터 시대에는 새로운 제품과 새로운 벤처 사업을 구상하기가 더 쉬울 것이다. 그러나 아마도 그것을 현실화하는 것은 더 어려울 것이다.

새로운 정보 기술 제품을 상품화하는 것보다 훨씬 더 어려운 것은 그것을 시장에서 계속 판매하는 것이다. 경쟁은 치열하고 격렬하다. 월드 와이드 웹(World Wide Web)의 출현과 갑작스러운 일반화가 확실하게 보여주고 있는 바와 같이 시장은 하룻밤 사이에 변할 수 있다. 스피넬로(Richard Spinello)에 의하면. 첨단 기술 제품 판매자들은 도덕적 책임감을 가지고 파산과 같은 좌절에 직면하게 될 때도 제품을 지속적으로 공급하기 위한 계획을 세워야 한다. 판매자들은 정보 기술 산업의 불확실성 하에 있는 고객들에게 장래에 관한 적절한 정보를 제공해야 한다. 스피넬로의 제안에 따르면, 양심적인 회사는 제품의 지속적인 유용성을 보장하기 위해서 네 가지 조치를 취해야 한다.

1. 회사는 파산으로 인해 제품 공급이 완전히 중단되는 경우에 대비해서 소프트웨어 제품의 원시 코드(source code)를 고객들이 이용할 수 있다는 지침과 더불어 에스크로(escrow)[16] 계정에 보관해야 한다.
2. 회사들은 잠재적 고객들이 더 좋은 구매 결정을 할 수 있도록 자신들의 장래 전망에 대해서 고객들에게 솔직해야 한다. 그것은 개인 회사의 유망한 고객들로 하여금 그들이 재정적으로 얼마나 준비를 해야 하는지를 알 수 있도록 해준다.

---

16) 역주 : 어떤 조건이 실행되기까지 제3자가 보관해두는 증서.

3. 인수나 합병이 이루어지는 경우, 회사는 제품의 지속적인 공급을 중요한 협상 사안으로 삼아야 한다. 회사는 고객들의 권리를 적극적으로 보호해야 한다.

4. 회사가 제품 공급을 중단하는 것이 불가피하게 되는 경우, 회사는 적어도 1년 동안 예고를 해야 한다. 대부분의 계약은 단지 30일간의 예고를 규정하고 있다. 그러나 이것만으로는, 정보 기술의 비용과 복잡성 및 판매자가 제공하는 기술적 지원에 크게 의존하는 고객의 취약성을 감안할 때 불충분하다.17)

4. 요 약

사업 거래는 도덕적 신뢰와 약속 준수에 기초하고 있다. 도덕적 틀이 없다면, 우리가 익히 알고 있는 바와 같은 상업은 사실상 불가능하다. 사업 문화를 지지하는 도덕을 지탱하기 위해서 지금까지 많은 법률들이 통과되었다. 그러나 아이러니컬하게도 우리는 때때로 법이 도덕을 완전히 대체하기 위해서 고안된 것이 아니라 도덕을 보조하기 위해서 고안된 것이라는 사실을 잊고 있다. 공정한 표시의 윤리학적 원리는 사업에서 도덕의 중요성을 강조한다. 그리고 이것은 미국에서 소송의 경향을 완화시켜줄 것이다. 사람들을 도덕적 공정성을 가지고 대한다면, 법에 호소해야 할 이유들 가운데 상당 부분이 사라지게 된다. 또한 공정한 표시의

---

17) Spinello, *Ethical Aspects of Information Technology*, 77-79.

원리는 베이퍼웨어와 같이 첨단 기술에 독특한 도덕적 문제들을 우리에게 알려주어야 한다. 나아가 공정한 표시의 원리는 정보 기술 제품을 믿고 그것에 대규모 자본을 투자하는 고객들의 피해 가능성에 관해 우리를 교육시켜야 한다.

우리가 제2장에서 지적 재산권법과 관련하여 살펴본 동일한 문제가 본 장에서의 책임법에 관한 논의에도 타당하다. 첫째, 두 가지 사례 모두에서 소프트웨어는 이전의 법적 범주에 도전한다. 즉, 지적 재산권 법에서 기계 대 텍스트 논쟁은 책임법에서 제품 대 서비스 논쟁과 유사하다. 둘째, 두 가지 사례 모두에서 복잡한 법과 상식적 도덕의 격차가 현저하게 나타난다. 윤리학은 지적 재산에 관련해서는 법과 도덕의 격차를 중재하는 데 비해서, 책임과 관련해서는 도덕을 회복하는 역할을 한다. 공정한 표시의 원리는 우리가 책임법의 도덕적 의미를 회복할 수 있도록 도와준다. 또 그렇게 함으로써 법의 부담을 줄여준다. 사람들을 도덕적 존경심을 가지고 대하는 것은 킹스톤 테크놀로지사의 이야기가 확실히 보여주는 바와 같이 실제로 사업을 발전시킬 수 있다. 제조물 책임법에는 세 가지 책임의 범주—'과실 없는 엄격한 책임', '하자 담보 책임과 책임 거부', '과실'—가 있다. 엄격한 책임의 경우를 제외하고 나머지 두 범주에서는 도덕에 더 많은 관심을 기울인다면 그만큼 소송의 필요가 줄어들 것이다.

인텔은 결함 있는 펜티엄칩의 문제를 도덕적 관심을 가지고 다루지 않았다. 인텔은 결함을 확인하는 즉시 그것을 인정하지도 않았고, 결함 있는 칩의 선적을 즉시 중단하지도 않았다. 그리고 인텔은 문제를 해결하기 위해서 가능한 모든 것들을 하겠다고 고객들에게 말하는 조치를 신속하게 취하지도 않았다. 아주 사소하게라도 정직은 일단 훼손되면, 펜티엄의 경우에서처럼 눈덩이처럼 불어나 눈사태로 이어진다. 왜냐 하면 정직과 같은 미덕은 경쟁하는 악덕들 사이에서 미묘한 균형을 이루는 행위이기 때문이다. 일단 균형을 잃으면 무너지게 된다. 이것은 물리학의 사실일 뿐만 아니라 도덕의 사실이다. 버그에 관해 정직해야 한다. 그러나 이것만으로는 충분하지 않다. 인텔과 같은 회사들은 또한 오류를 시정하는 신속한 조치를 취해야 한다. 공정한 표시의 원리는 고객을 위한 우리의 도덕적 서비스 감각을 고양시킬 수 있다. 그것은 또한 피고용인들이 비밀이 유지되는 가운데 도덕적 관심사를 표현할 수 있도록 허용하는 내부 고발 정책을 회사들이 채택하도록 고무해야 한다.

아메리칸 에어라인즈와 그것의 사업 상대방들은 예약 시스템 전문 기술을 다른 여행 관련 사업 분야에 팔고자 하는 시도에서 실패한 대가로 1억 2500만 달러를 손해보았다. 컨펌의 이야기는 정보 시스템 설계 프로젝트를 완성하기가 얼마나 어려운지를 알려줄 뿐만 아니라 그와 같은 프로젝트에 대해 무엇을 할 수 있는지를 평가할 때 주의해야 할 필요성을 일깨워준다. 공정한 표시의 원리는 우리의 계획이 현실적이어야 하고 우리의 약속이 융통성이 있어야 한다는 것을 우리가 깨닫도록 해야 한다. 컨펌의 이야기는 또한 겸손한 경영의 필요를 지시한다. 겸손한 경영자는 진실을 보다 분명하게 보고 들을 수 있는 능력이 있다. 그리고 이것은 특히 피고용인의 관심사를 다루는 데 도움이 된다. 정보 시대에 새로운 제품과 새로운 벤처 사업을 구상하는 것은 어려운 일이 아니다. 그러나 그것을 현실화하는 것은 어렵다. 그리고 그것을 시장에서 계속 판매하기는 훨씬 더 어렵다. 그러므로 회사들은 도덕적 책임을 가지고 그들이 사업을 중단하는 경우에도 고객에게 공급을 계속하기 위한 계획을 세워야 한다. 이를 위해 네 가지 조치가 이루어져야 한다. 첫째, 소프트웨어 원시 코드를 에스크로 계정에 보관하라. 둘째, 잠재적 고객들에게 장래에 대한 적절한 정보를 제공하라. 셋째, 인수나 합병 시에 고객을 위해 열심히 협상하라. 넷째, 제품 공급을 중단하기 전에 최소한 1년간 예고하라.

1. 알버트 카는 사업에서 허세의 윤리적 사용에 관한 중요한 기사를 썼다.[18] 그는 경쟁적인 사업 세계를 포커 게임에 비유한다. 그의 논의에 따르면 사업이나 포커에서 허세를 부리는 것은 수용할 수 있는데, 그 이유는 상대방이 그것을 기대하기 때문이다. 여러분은 카의 해석이 옳다고 생각하는가? 즉, 우리는 우리가 거래하는 회사가 허세 부리기를 정말로 원하는가? 여러분은 그러한 논의를 도덕적 근거에서 어떻게 반격하거나 옹호하고자 하는가?

2. 마이크로소프트의 과대 선전된 윈도우95 업그레이드 버전은 1995년 8월 소매점에 최종 납품되기까지 여러 번 지연되었다. 이 상황을 보는 두 가지 방식이 있다. 혹자는 마이크로소프트가 제품을 실제로 납품할 준비가 되기 전에 제품을 미리 발표함으로써 일종의 미묘한 베이퍼웨어를 사용하였으며, 최종 발표 순간에도 약간 지연하여 발표하였다고 말한다. 이 전략은 시장에서 매우 높은 기대를 만들어내는 심리적 이점이 있다. 또한 이 전략은 소프트웨어 시장을 일정 기간 얼어붙게 만든다는 사업상의 이점이 있다. 만약 여러분이 새로운 윈도우 플랫폼(platform)[19]이 곧 나온다는

---

18) Carr, "Is Business Bluffing Ethical?" 143-146. Spinello, *Ethical Aspects of Information Technology*, 82-83.

19) 역주 : 컴퓨터 분야에서는 보다 상위 시스템에 대해 기반이 되는 시스템을 말한다. 예를 들어, MS-DOS상에서 작동하는 MS-Windows에서는

것을 알았다면, 여러분은 옛 윈도우에 알맞게 설계된 새로운 응용 소프트웨어의 구입을 중지했을 것이다. 회사가 잠재적 고객들에게 새 플랫폼이 개발중에 있다는 것을 빨리 알리면 알릴수록, 기다렸다 사는 신중한 구매자들의 이득도 더 커지게 된다.

반면에 다른 사람들은 마이크로소프트의 지연 행위는 새로운 제품이 발매되기 전에 모든 버그를 해결하고자 하는, 칭찬을 받을 만한 시도라고 말한다. 여기서 지연 행위는 충분히 검사되지 않은 소프트웨어가 발매되는 것을 막는 도덕적 시도로 간주될 수 있다. 이것은 베이퍼웨어와는 반대의 경우다. 정보 제품은 너무 늦게 발매될 수도 있고, 너무 일찍 발매될 수도 있다.

윈도우95의 지연은 복합적 동기의(일부는 베이퍼웨어, 일부는 문제의 해결) 결과였을 것이다. 우리는 마이크로소프트가 정말로 베이퍼웨어를 통해 판촉 활동을 했는지 여부를 어떻게 결정할 수 있는가? 만약 그러한 시도가 있었다면, 그러한 행위를 방지하기 위해서는 어떻게 해야 하는가?

MS-DOS가 플랫폼이고, MS-Windows상에서 작동하는 응용 소프트웨어에서는 MS-Windows가 플랫폼이다. 또 어떤 소프트웨어가 제공하는 환경을 플랫폼이라고 하는 겨우도 있다. 예를 들어, MS-Windows가 제공하는 환경이 MS-Windows의 플랫폼이다.

§

제 5 장
해악 금지

정보 시대에서 가장 선풍적인 뉴스는 아무래도 "해커 (hacker)" 이야기일 것이다. 1995년에 노스캐롤라이나 랄리의 아파트 단지에서 전설적인 해커이자 도망자인 케빈 미트닉(Kevin Mitnick)의 체포는 이 점을 잘 설명해준다. 미트닉이 1994년 성탄절에 쓰토무 시모무라의 홈 컴퓨터에 침입했을 때, 그는 마침내 적수를 만났다. 샌디애고 슈퍼컴퓨터센터의 컴퓨터 보안 전문가인 시모무라는, 미트닉의 침입에 대해 너무나 화가난 나머지 휴일 스키 여행도 취소하고 미트닉이 인터넷에 남긴 흔적을 통해 그를 추적했다.[1]

다른 해커들의 이야기도 똑같이 미국의 대중을 매료시켜 왔다. 예를 들어, 해커계의 전설인 케빈 리 폴슨(Kevin Lee

---

[1] Dill, "Authorities Nab 'World's Most Wanted' Computer Hacker", A12.

Poulson)이 컴퓨터 사기 혐의로 5년을 복역하고 1996년에 출소했을 때, 그의 이야기는 인간적 흥미를 끄는 이야기로 널리 보도되었다. 폴슨의 보호 관찰 규정 가운데 하나는 그가 3년 동안 컴퓨터를 접촉할 수 없다는 것이었다. 이것은 보기보다 어려운 것이다. 여러분이 연료 분사 시스템을 규제하는 컴퓨터 칩을 간접적으로나마 사용하지 않을 경우 자동차를 운전할 수 없다는 사실을 감안해보면, 이것이 얼마나 어려운 일인지를 알 수 있을 것이다. 폴슨은 자동 응답기나 도서 목록 또는 오늘날 일상 생활의 일부인 다른 컴퓨터 장치를 사용하기 전에 먼저 의무적으로 그의 보호 관찰관과 의논해야 했다.2)

원래 해커들은, 무수히 법을 어기면서도 동시에 새로운 개척지에서 정의를 세웠던 개척 시대 서부의 닥 할러데이(Doc Holiday)에 비유될 수 있는, 첨단 기술이라는 미개척지의 공무원으로 자신들을 자처했다. 우리는 해악 금지의 원리(the principle of nonmaleficence) ─ 이것은 "피해를 주지 말 것"을 의미한다 ─ 에 관해서 논의하는 이 장에서 해킹(hacking)과 관련되는 도덕적 문제를 조사할 것이다.

해악 금지는 서구 문명의 가장 훌륭하고 오래된 윤리학적 원리 가운데 하나다. 그것은 타인의 복지에 대한 배려의 의무를 나타낸다. 이 원리에 따르면 최소한 우리는 타인의 생명이나 물건에 피해를 주는 것을 결코 해서는 안 된다. 제1장에서 나는 카렌 퀸란의 의사들이 그녀의 인공 호흡 장치

2) Morello, "Top Hacker Has Though Time Hacking Life Minus Computer", A10.

를 제거하는 것에 관해 주저했다고 말한 바 있다. 그들의 주저함은 피해를 주지 말라는 의무에 근거한 것이었다. 그들은 인공 호흡 장치를 제거하면 퀸란의 생명이 끝날 가능성이 가장 크기 때문에 그녀의 복지가 심각하게 침해된다고 믿었다.

전자 자금을 한 계좌에서 다른 계좌로 불법적으로 이체하는 것과 같은 컴퓨터 범죄는 일상 생활로부터 너무 동떨어져 있다. 그래서 종종 선한 사람들도 그렇게 하는 것이 좋은 것이라고 잘못 생각하게 된다. 이것은 내가 고등학교 대수 시간에 음수에 관해 처음 배웠던 때를 생각나게 한다. 나는 음수가 실재적인 것처럼 여겨지지 않았기 때문에 음수가 달갑지 않았다.(−2에 −2를 더하면 확실히 −4다. 그러나 도대체 누가 −4개의 사과나 오렌지를 본 적이 있는가?) 내가 생각하기에 컴퓨터 자금 이체는 이와 마찬가지로 "비현실성(unreality)"이라는 결함으로 인해 곤란을 겪는다. 이 점이 바로 해악 금지의 원리를 명심하게 하는 특별히 중요한 이유다. 일상 생활이 점점 더 복잡해지고 추상적으로 되어감에 따라 우리는 무엇이 좋고 무엇이 나쁜지에 대해 더 많이 주의할 필요가 있다.

전문가들은 전형적인 컴퓨터 범죄자는 천재적인 해커가 아니라 유혹과 기회에 굴복한 충직한 피고용인이라는 것을 알고 있다.[3] 먼저, 새로운 기술이 우리의 도덕적 균형 감각에 어떻게 영향을 주는지를 이해하는 것이 중요하다. 정보

---

3) Icove, Seger, and VonStorch, *Computer Crime*, 118.

시대는 사람들이 전에는 직면하지 않았던 새로운 유혹과 유혹의 새로운 수준으로 가득 차 있다. 단지 나 혼자만이 조작 방법을 알고 있는 컴퓨터 파일 안에 존재하는 돈이나 정보는 나의 상상력을 '자극한다. 약간의 오해로 인해 상사에게 화가 난, 매우 지친 어느 날, 전자 절도의 기회가 생길 경우, 그 기회에 압도당하여 나의 건전한 판단력이 흐려질 수도 있다. 컴퓨터 상으로 숫자를 조작하는 것은 거리에서 가난한 노파의 지갑을 훔치는 것과는 다르기 때문에, 나중에 나의 양심은 어느 정도 위안을 받을 수도 있을는지 모른다 — 또는 나는 스스로에게 그렇게 말할는지도 모른다. 정보 시대에는 이런 종류의 도덕적 잘못이 선한 사람에게도 일어난다. 우리는 이것을 알아야 한다. 그리고 우리는 윤리학적 원리를 채택함으로써 그리고 작업장에서 우리의 도덕을 보호하는 절차를 확립함으로써 증가된 유혹 수준에 대항해 싸워야 한다.

해커와 범죄 문제 외에도 이 장은 또한 공정 경쟁의 문제를 중점적으로 다룬다. 미국 사회에서 우리는 우리의 사업 경쟁 상대를 공정하게 다루어야 하는 의무를 가지고 있다. 이 의무는 두 가지 원천이 있다. 첫째, 사람들에게 성공의 기회를 공정하게 부여해야 한다는 것은 우리의 공통의 도덕적 유산이다. 둘째, 경쟁이 건전한 자유 시장 시스템의 필수 요건이라는 것은 자본주의 경제학의 법칙이다. 독점을 금지하는 연방 독점 금지법은 경제와 소비자를 위해 공정성을 확보하기 위한 방안으로 고안된 것이다. 해악 금지의 원리는 우리에게 공정해야 할 도덕적 의무에 관해서 일깨워주어야 한다. 왜냐 하면 간단히 말해 그것은 선이 요구하는 것이기 때문이다.

수단을 가리지 않는 냉혹한 경쟁에 참여해서도 여전히 경쟁을 제한하는 규칙을 존중하고 페어플레이를 하는 것은 극히 어려운 일이다. 누군가 값비싼 새로운 정보 기술을 가지게 되었을 때, 균형적 행위는 훨씬 더 어려워진다. 왜냐 하면 첨단 기술 시스템은 종종 어떤 산업의 사업 방식을 변화시키기 때문이다. 만약 회사 A가 신속하게 새로운 표준을 확립할 수 있는 새 자동화 시스템을 발명한다면, 그것은 회사 B와 C로 하여금 사업을 포기하거나 아니면 회사 A에게 새 시스템의 사용료를 지불하도록 강제한다. 말할 것도 없이 회사 A가 이 상황에서 그의 경쟁자들을 위협하는 힘은 엄청난 것이다. 공정성은 무엇을 요구하는가? 한 윤리학자의 표현대로 정보 기술은 경쟁의 도구로 사용되어야지 치명적인 무기로 사용되어서는 안 된다.[4]

1. 도덕 · 윤리학 · 법

우리는 구체적인 원리를 다루는 이전의 장들에서 자주 법과 도덕의 혼란된 관계와 씨름하였다. 지적 재산권과 관련하여, 우리는 상식적 도덕과 특히 저작권법의 증대하는 복잡성 사이의 격차가 얼마나 커지고 있는지를 살펴보았다. 그리고 우리는 윤리학이 이러한 도덕과 법의 격차를 줄일

---

4) Spinello, *Ethical Aspects of Information Technology*, 58.

수 있을 것이라고 제안했었다. 지적 재산권 존중의 윤리학적 원리를 채택함으로써 우리는 (1) (사회 전체의 복지를 증진해야 함과 동시에 혁신자들을 보상해야 하는) 법의 경쟁하는 목적들을 평가할 수 있고, (2) 우리의 도덕적 기대를 복잡한 정보 사회의 법의 요구에 알맞도록 조정할 수 있다.

프라이버시 보호와 관련하여, 우리는 법이 단편적 방식으로 발전함으로써 종종 혼란과 비일관성을 야기하는 것을 살펴보았다. 이에 대해 우리는 포괄적인 법적 보호의 부족을 보상하기 위해서 윤리학은 도덕을 고무해서 도덕이 프라이버시 문제에 관해 주도권을 쥐도록 해야 한다고 주장하였다. 프라이버시 존중의 윤리학적 원리는 자기 결정하는 개인으로서 우리 자신을 위하여 당당하게 말하도록 우리를 일깨워준다.

제조물 책임과 관련하여, 우리는 책임법의 본래 목적이 상업적 교환을 위한 도덕적 틀을 확보하는 것이라는 사실에도 불구하고, 법이 너무 포괄적이 됨에 따라 도덕이 어떻게 간과되었는지를 살펴보았다. 이에 대해 우리는 윤리학이 구매자와 판매자 관계에서 도덕의 지위를 강화시키는 회복적 역할을 해야 한다고 제안했다. 공정한 표시의 윤리학적 원리는 고객을 도덕적 예의로 대함으로써 결국은 민사상의 문제를 해결하기 위해서 법에 호소하는 습관을 감소시키는 방향으로 나아가게 된다는 것을 우리에게 일깨워준다.

이제 우리는 마침내 정보 시대에 도덕이 독점 금지법뿐만 아니라 형법과 어떻게 관계되는지를 이해하는 문제에 도달했다. 컴퓨터 범죄와 싸우는 법은 프라이버시 보호에서와 마찬가지로 단편적 방식으로 입법화되고 있다. 컴퓨터는 아주 새로운 전자 현상이기 때문에 지적 재산권의 경우처럼 중세 시대까지 거슬러 올라가는 선행하는 법적 전통이 없다. 1986년의 '컴퓨터 사기 및 남용 법률(The Computer Fraud and Abuse Act)'은 많은 점에서 1974년의 '프라이버시 법률'과 비교될 수 있다. 예를 들어, 두 가지 법률은 정부의 컴퓨터 및 정보와 관련된 문제를 다루는 데 매우 포괄적이다. 하지만 두 법률 모두 사회의 다른 부문의 사기와 프라이버시에 대해서는 언급하고 있지 않다.

[표:5-1] 윤리학의 고무적 역할

윤리학 → 도덕 → 법

[표:5-1]에 설명된 윤리학의 고무하는 역할은 그것이 컴퓨터 범죄 및 해킹과 관련될 때 우리의 도덕을 개선하는 방법을 지시하고 있다. 특히, 해악 금지의 원리는 자동화 사회가 조장하는 점증하는 범죄의 유혹에 대해 부단히 경계하도록 우리를 고무시켜야 한다. 회사의 컴퓨터 시스템을 이해하고 있는 모든 사원과 관리자들은 마치 닭장의 열쇠를 가지고 있어서 사실상 수시로 달걀이나 병아리를 훔칠 수 있는 기회를 가지고 있는 것과 같다. 우리는 양심을 위해 솔직하게 말할 필요가 있다. 우리는 양심이 비도덕적 충동과 범죄적 충동을 억제하는 점증하는 부담을 항상 잘 처리할 것

이라고 기대할 수 없다. 우리가 인간의 마음을 볼 수 없기 때문에 확신할 수는 없지만, 아마도 비도덕적 행동과 범죄 행위를 하는 대부분의 사람들은 복합적 동기에서 그와 같은 일을 저지를 것이다. 그들은 선한 충동도 가지고 있었지만 단지 그것들이 잠시 침묵했을 뿐이다. 누군가 함께 이야기 할 사람이 있다면, 옳은 행위와 그른 행위의 내적 투쟁에서 선한 사람들이 많은 도움을 받을 수 있을 것이다. 회사들은 비밀이 유지되는 가운데 양심의 문제에 관해 대화할 수 있는 윤리 상담가를 임명하는 것이 좋을 것이다. 나는 우리가 첨단 기술 범죄를 엄격하게 법적 문제로 간주하기보다는 도덕적 문제로 간주함으로써 그것을 방지할 좋은 기회를 가지고 있다고 생각한다. 법이 많다고 해서, 그것이 나쁜 행위를 할 수 있는 점점 더 많은 기회와 싸워야 하는 선한 피고용인들의 양심에 도움이 되는 것은 아니다. 대신에 우리는 피고용인이 혼자 있는 기회를 최소화하는 정책과 절차를 통해서 도덕성을 고양해야 한다. 피고용인이 혼자 있을 경우, 그것은 참을 수 없는 유혹을 낳을 수도 있다. 이런 경우에 윤리학은 우리가 도덕적 감수성의 연약함과 그것의 육성의 필요를 이해할 수 있도록 우리를 교육시켜야 한다.5) 컴퓨터 사기와 해킹으로부터 포괄적인 보호를 제공하기 위해 더 많은 법률들이 필요할 경우에도, 그 법률들은 적어도 선한 보통 사람들의 도덕적 필요와 조화를 이루어야 한다. 법은 우리의 도덕에 봉사해야 한다. 그리고 가능하다면 [표 : 5-1]이

---

5) Nussbaum, *Fragility of Goodness*, 1-21.

제안하고 있는 바와 같이 법은 도덕적 조언의 지도를 받아야 한다.

첨단 기술 독점 금지법은 '컴퓨터 사기 및 남용 법률'로 대표되는 형법과는 다르다. 한편으로 그것은 대통령 정책과 정치의 함수가 되는 경향이 있다.6) 연방 무역 위원회(FTC)와 법무부(DOJ)는 독점 금지 규제를 지지한다. 정보 기술과 관련하여 이 두 기관들은 주로 두 가지 문제, 즉 끼워 팔기(tying arrangement)와 독점화를 집중적으로 다룬다.7) 끼워 팔기는 다른 제품도 구입한다는 조건 하에서 한 제품을 판매하는 것이다. 끼워 팔기는 판매자가 지배적인 시장 지위를 가지거나 국가간의 상업이 분명하게 영향을 받는 경우 불법적이다. IBM은 한때 구매자들에게 IBM 도표 작성 카드(tabulating card)를 구입하기 위해서는 동시에 IBM 도표 작성 카드 기계도 구입해야 한다고 요구함으로써 이런 종류의 독점 금지 행위로 미국 정부에 의해 기소당했다.

불법적 독점화는 이와는 약간 다른데, 불법적 독점으로 기소하기 위해서는 두 가지 필요 조건이 충족되어야 한다. 첫째, 조사 대상인 회사는 특정한 시장에서 명백하게 독점적 권력을 지니고 있어야 한다. 가장 큰 난점 중의 하나는 너무 변덕스럽고 변화하기 쉬운 정보 기술 산업의 경향을 감안할 때 시장을 어떻게 정의하느냐 하는 것이다. 둘째, 기소를 위해서는 조사 대상인 회사가 우연히 또는 우수한 제

---

6) Melamed, "Antitrust", 13-15.

7) O'Connor, "Emerging Antitrust Issues Affecting Computer Industry", 821-826.

조 기술 때문에 독점 권력을 획득한 것이 아니라 고의적인 공격적 행위에 의해 독점적 권력을 획득했다는 명백한 증거가 필요하다.

세계 최대의 소프트웨어 회사인 마이크로소프트사는 최근 몇 년 동안 계속해서 독점 금지법 위반 혐의로 조사를 받고 있다. 마이크로소프트의 세계 시장 점유율을 고려해볼 때, 정부의 관심은 이해할 만하다.

▷ PC 운영 체계 시장의 82%
▷ 윈도우 PC 워드-프로세스 시장의 64%
▷ 윈도우 PC 스프레드쉬프트 시장의 61%
▷ 매킨토시 워드-프로세스 시장의 60%
▷ 매킨토시 스프레드쉬프트 시장의 89%[8]

마이크로소프트에 대해서 많은 공격적 행위의 혐의가 제기되었다. 그것들 가운데 하나는 마이크로소프트가 컴퓨터 제조업자에게 그들이 선적하는 PC를 위해 윈도우 운영 체계를 — 그들이 그 소프트웨어를 이용하건 안 하건 관계없이 — 사도록 부당하게 요구했다는 것이다. 또 다른 혐의는 마이크로소프트가 경쟁사의 소프트웨어 개발자들보다 자사의 응용 소프트웨어 프로그래머들에게 곧 나올 자사의 운영 체계의 변화에 관한 더 좋은 정보를 제공했다는 것이다. 마이크로소프트는 독점 금지 소송에서 대부분 패배하지 않았다.

---

8) Kirkpatrick and Schlender, "The Valley vs. Microsoft", 86.

법무부는 마이크로소프트의 주요한 경쟁자이자 개인 재정 소프트웨어 분야의 시장 점유율 1위인 인투이트(Intuit)를 획득하고자 하는 마이크로소프트의 거래를 승인하지 않았다. 법무부는 또한 마이크로소프트가 어떻게 PC 제조업자에게 자사의 운영 체계를 허가해주었는지에 관해 마이크로소프트와 동의 명령 또는 해결책을 협상했다. 그러나 스탠리 스포킨 판사는 재심리에서 그 해결책을 너무 관대하고 협소하다고 기각해버렸다. 스포킨 판사는 마이크로소프트에 대한 독점 금지 조사를 재개하고 그것을 확대했다.

대다수의 평자들은 컴퓨터 산업과 같이 변하기 쉬운 시장에 대해 독점 금지 판단을 내리는 것에 관해서 회의적이다. 변화가 급속하게 진행되고 또 마이크로소프트와 같은 대기업의 출현으로 경쟁이 손상되었다는 명확한 증거도 없다. 예를 들어, IBM은 한 세대 전에 하드웨어와 소프트웨어를 비롯한 컴퓨터 산업의 전 분야를 지배했었다. 그리고 성공적으로 독점 금지 제재를 방어했다. 그러나 오늘날 IBM의 지위를 보라. PC와 소프트웨어 시장에서 IBM은 그저 평범한 기업에 불과하다. 첨단 기술 사업 분야에서 미래를 예측하기란 불가능하다. 우리가 말할 수 있는 것은 지속적인 혁신이야말로 공정 경쟁을 보장하는 적절한 수단이라는 것이다.

독점 금지법이 미국에서 공정 경쟁을 보장하기에 적절한지 여부는 우리가 여기서 답할 수 있는 문제가 아니다. 우리의 관심은 공정 경쟁을 증진하기 위해서 윤리학과 도덕이 할 수 있는 역할이다. 나는 윤리학이 독점 금지법과 도덕을 중재하는 과정에서 '회복적 역할'을 해야 한다고 믿는다. 이것은 우리가 형법과 관련해서 위에서 논의한 윤리학의 '고무하는 역할'과는 다른 모델이다. 우리는 공정한 표시에 관한 제4장에서 윤리학의 회복적 역할을 처음 접했다.

[표 : 5-2] 윤리학의 회복적 역할

법 → 윤리학 → 도덕

[표 : 5-2]에 제시된 대로, 해악 금지의 원리는 미국인들이 모든 문제를 해결하기 위해 법률 체계에 가하는 부당한 압력을 완화시키기 위해서 우리의 도덕을 고양시켜야 한다. 만약 우리가 경쟁자에 대한 도덕적 배려를 보여주고, 우리의 협력적 사업 상대방을 존경한다면, 연방 무역 위원회와 법무부가 시장을 감시할 이유가 줄어들 것이다. 모든 대기업들은 실질적인 법무 부서를 가지고 있다. 도덕적 상담을 약간만 한다고 해도 실제로 그들은 많은 돈을 절약할 수 있을 것이다.

2. 해킹과 컴퓨터 범죄

1993년 11월에 인텔사의 오레곤 힐스보로 지사는 랜달 슈와르츠를 비밀 번호 절도 및 그것을 슈퍼컴퓨터 접속에 이용한 혐의로 형사 고발하였다. 슈와르츠는 체포되기 전에 5

년 동안 인텔에서 독립적인 컴퓨터 자문가로 일했다. 컴퓨터 보안 분야에서 고도의 기술을 보유한 슈와르츠는 많은 사람들에게 귀신 같은 해커로 인정받고 있었다.9)

법정에서 슈와르츠는 배심원에게 자신은 사교적 기술이 부족한 컴퓨터 전문가일 뿐이라고 진술했다. 그는 학창 시절에 뛰어난 재능을 인정받아 2개 학년을 월반했고, 16세에 대학을 졸업하면서부터 줄곧 컴퓨터를 가지고 하루 종일 생활했다. 몇 년 후에 인텔은 그를 슈퍼컴퓨터 부서의 보안 자문가로 고용했다. 그러나 슈와르츠는 동료들과 의견이 맞지 않아 계약을 조기에 파기해버렸다. 그러나 인텔은 그를 다른 부서의 자문가로 계속 고용했다. 이것이 문제의 발단이었다.

슈와르츠는 허가를 받지 않고 크랙(Crack)이라 불리는 비밀 번호 해독 프로그램을 자기 부서의 컴퓨터로 실행했다. 그는 크랙 검사를 통해서 맞는 비밀 번호를 알아내었다. 그 다음에 그는 그 비밀 번호를 이용해서 그가 예전에 근무하던 슈퍼컴퓨터 부서에 접근했다. 그는 두 가지 이유에서 슈퍼컴퓨터 시스템에서 크랙을 실행하기로 결심했다. 첫 번째 이유는 크랙이 가장 빠른 컴퓨터에서 어떻게 작동하는지를 살펴보는 것이 재미있을 것이라고 생각했기 때문이고, 두 번째 이유는 그가 전에 일했던 부서의 사람들에게 그가 떠나고 나면 그들의 보안은 쓸모가 없다는 것을 보여주고 싶었기 때문이다. 슈와르츠는 자신의 행동을 숨기려고 하지 않았다. 그

---

9) Danks, "Intel Consultant on Defense", B1.

래서 그는 컴퓨터를 사용 개시하는 데 자신의 고유한 비밀 번호인 "메를린"을 사용했다. 당연히 인텔 당국자들은 이러한 행동을 "재미"있어 하지 않았고, 그를 체포해버렸다.

슈와르츠의 이야기는 해커 현상을 둘러싸고 일어나는 문화 충돌을 잘 설명해준다. 컴퓨터 해킹은 인텔과 같은 첨단 기술 회사가 출현하기 오래 전에 MIT와 스탠포드 같은 고등 교육에서 시작되었다. 재능 있는 젊은이들은 컴퓨터라는 흥미로운 새로운 세계에 매료당했다. 그들은 고등 교육 경험의 일부인 지식 — 소프트웨어 코드, 컴퓨터 설계 등 — 을 공유할 것을 매우 강조했다. 컴퓨터는 새로운 과학이었고, 이 젊은 "해커들"은 컴퓨터가 작동하는 방법을 배우기 위해 모든 것을 낱낱이 분석하기를 바랐다. 초창기에는 돈은 문제가 되지 않았다. 대신에 그것은 중세의 기사도에 비유될 수 있는 전설을 만드는 문화였다. 이 문화에서는 해커 / 기사들이 재미와 영광을 위해 자신들의 빼어난 기술을 펼쳤다.10)

그러나 상업주의(commercialism)가 모든 것을 변화시켰다. 영광보다 이윤이 지배적인 동기가 되자, 비밀과 보안이 대학의 공개성을 대체했다. 컴퓨터 세계를 지배하는 경제 문화에서는 어떤 컴퓨터든지 (허가가 있건 없건) 공개적으로 자유롭게 접근하는 해커 정신은 범죄로 간주되었다. 우리는 이미 이와 유사한 상업 문화와 비상업 문화의 충돌을 지적 재산권에 관한 논의에서 접한 바 있다. 이것은 정보 시

---

10) Levy, *Hackers*, 26-30.

대의 가장 중요한 도덕적 문제 가운데 하나다.

제2장에서 다룬 지적 재산권의 법적 전통이 종종 모순되는 이중의 목적 ─ 상업적 발명을 보상하는 목적과 사회 전체의 번영을 도모하는 목적 ─ 을 가지고 있었음을 상기해보라. 문제는 지적 재산권에 관한 최근의 대통령 백서가 보여주는 바와 같이 이 방정식의 상업적 측면이 사회적 측면보다 더 많은 관심을 받고 있다는 것이다. (이 두 목표가 언제나 갈등할 필요는 없다.) 우리는 상업적 이해관심이 유일한 관심사가 아니라는 것을 잊어서는 안 된다. 인텔사에 좋은 것이 언제나 반드시 국가에도 좋은 것은 아니다.

나는 여기서 슈와르츠와 같은 해커는 좋고, 인텔과 같은 회사는 나쁘다고 주장하고 있는 것이 아니다. 나는 단지 상업적 가치가 여기서 발언권을 가지는 유일한 가치는 아니라는 것에 주목하고 싶었을 뿐이다. 슈와르츠는 해커 문화에 호소함으로써 자신의 행동을 변호하고자 하였다. 그러나 해커 문화는 (상업 문화와는) 다른 가치 체계에서 발전한 것이다. 그의 변호는 효과가 없었다. 그리고 나는 그의 변호가 효과가 있어야 한다고 믿지도 않는다. 만약 여러분이 슈와르츠처럼 어떤 상업적 기업과 자발적으로 계약을 맺었다면, 여러분은 그 기업의 도덕적 문화를 존중해야 한다. 상업주의가 지배하기 이전의 공개적으로 모험을 즐기는 컴퓨터의 세계는 더 이상 존재하지 않는다. 그리고 그 시대에 생겨난 해커 정신은 법의 지배와 상업적 가치에 대한 헌신에 자리를 양보하지 않을 수 없다. 그러나 해킹의 고귀한 특성을 간과하지 않도록 하자. 왜냐 하면 해킹은 그것을 낳았던 교육

체계와 마찬가지로 평등주의자가 되고자 하는 경향이 있기 때문이다.

해악 금지는 해킹 — 허가 없이 어떤 컴퓨터 시스템에 침입하는 것 — 이 비도덕적일 뿐만 아니라 범죄라는 것을 우리에게 일깨워주어야 한다. 어떤 것이 어떻게 작동하는지에 관한 해커의 호기심 — 이러한 호기심은 적절한 맥락에서는 고귀한 덕목일 수도 있다 — 이 컴퓨터 소유주의 보안에 대한 관심보다 우선하지는 않는다. 한 사람의 자유와 호기심은 다른 사람의 권리가 시작되는 곳에서 끝난다. 이것은 가장 자유롭고 개방적인 사회에서도 삶의 진실이다. 우리가 우리의 모든 의무를 단 하나의 문화적 가치로 환원할 수는 없다. 비록 그것이 해커들이 가정하는 바대로 자유라는 소중한 미국적 가치라고 해도 마찬가지다. 우리는 또한 프라이버시와 재산권에 대해서도 자유와 마찬가지로 강력한 의무를 가지고 있다. 이 의무를 좋아하건 그렇지 않건, 해커들은 이 의무들 또한 존중해야 한다.

한편, 해악 금지는 또한 우리에게 상업적 이해 관계가 이 땅의 법을 결정하는 유일한 요소가 될 때 사회 전체에 해가 된다는 것을 일깨워주어야 한다. 돈을 버는 것은 중요하다. 그러나 그것이 우리가 소중히 여기는 유일한 가치는 아니다. 만약 우리가 회사의 경제적 이익이 다른 모든 관심이나 도덕적 관심보다 항상 우선시되어야 한다고 생각한다면, 이것은 (모든 의무를 자유라는 단 하나의 가치로 환원하는) 해커와 마찬가지로 똑같이 어리석은 것이다.

해킹은 미국에서 법률로 금지되었다. 왜냐 하면 그것은

타인의 재산권을 설명하지 못하는 극히 단순한 개인적 자유
관을 함의하기 때문이다. 그러나 재미나 자기 교육을 위해
서 하는 해킹은 컴퓨터 사보타지나 컴퓨터 사기 또는 컴퓨
터 절도와 같은 맥락으로 성격이 규정되어서는 안 된다. 이
후자의 것들은 해킹보다 더 중대한 범죄 행위다.

컴퓨터와 관련하여 새로운 범죄 용어들이 생겼는데, 다섯 가
지 용어에 특히 주목할 필요가 있다. *바이러스, 벌레(worm),
논리 폭탄(logic bomb), 트로이 목마(Trojan horse), 살라미
(salami)*가 그것이다. 바이러스는 디스크 공간을 제멋대로
사용함으로써 파일을 파괴하고 시스템을 망가뜨리는 자기
복제 프로그램이다. 바이러스는 전형적으로 플로피 디스크
를 통해 컴퓨터에서 컴퓨터로 전파된다. 벌레는 바이러스와
유사하지만 보다 정교하다. 바이러스와 마찬가지로 벌레도
컴퓨터를 감염시키는 자기 복제 프로그램이다. 그러나 벌레
는 바이러스와 달리 전형적으로 디스크 기억 장치보다는 무
작위 접근 기억 장치(random-access memory ; RAM : 컴퓨
터가 켜질 때 프로그램을 공급하는 데 사용되는 "살아 있
는" 기억 장치)에만 존재한다. 벌레는 전형적으로 네트워크
를 통해서 전파된다. 논리 폭탄은 일정 기간이 경과한 후나
미리 정해진 환경이 발생할 때 작동하기 시작하는 프로그램
이다. 논리 폭탄은 전형적으로 일단 작동하면 데이터 파일
을 지워버린다. 바이러스와 벌레는 감염된 컴퓨터에 피해를
줄 수도 있고 그렇지 않을 수도 있는 데 비해서 논리 폭탄은
분명히 감염된 컴퓨터에 피해를 주기 위해서 고안된 것이
다. 논리 폭탄은 보통 내부에서 불만을 품은 피고용인에 의

해 특별히 표적이 된 컴퓨터 안에 심어진다. 즉, 논리 폭탄은 바이러스나 벌레처럼 외부에서 무작위적으로 컴퓨터를 감염시키지는 않는다.

바이러스와 벌레 그리고 논리 폭탄은 컴퓨터 사보타지의 실례들이다. 사보타지와 관련된 범죄의 정도는 범죄의 의도에 따라 좌우된다. 예를 들어, 제1장에서 언급한 로버트 모리스의 경우에 법원은 모리스에게 관대했는데, 그 이유는 모리스가 자신의 레니게이드 벌레 프로그램을 가지고 인터넷에 피해를 줄 의도가 없었기 때문이다.

다른 한편, 트로이 목마와 살라미는 컴퓨터 절도 사기다. 트로이 목마는 외부인이 금융 계좌를 전자적으로 관리하는 회사나 은행의 컴퓨터 시스템에 침투하여 부당한 정보를 입력할 수 있도록 해주는 프로그램이다. 이것은 그리스 신화에 나오는 원래의 "트로이 목마" 전술을 생각나게 한다. 트로이와의 전쟁에서 전열을 정비한 후, 아가멤논과 오딧세이를 비롯한 그리스의 영웅들은 전쟁에 이기기 위해서는 트로이의 높은 성벽을 몰래 숨어들어 가야 한다고 결정을 내렸다. 그들은 큰 목마를 만들어 트로이 성문으로 밀고간 다음, 전쟁에 패하여 후퇴하는 것으로 위장했다. 지친 트로이 병사들은 너무나 기쁜 나머지 성문을 열고 목마를 도시 안으로 가지고 들어갔다. 그들은 목마 속에 그리스 병사들이 숨어 있는 것을 알지 못했다. 그래서 그들은 부지불식간에 난공불락인 것처럼 보였던 그들의 보안 시스템 안으로 적들이 침투하게 만들었던 것이다.

컴퓨터의 트로이 목마도 같은 방법으로 작용한다. 그것은 보통 정당한 로그-인 문자와 비밀 번호를 알아내기 위해서 "모르는 체하고" 컴퓨터 시스템에 물어보는 이식된 프로그램(목마)과 관계가 있다. 그런 다음, 이 정당한 시스템 통로(성문)를 통해 돈이나 가치 있는 정보를 훔친다.

트로이 목마와는 대조적으로 살라미는 보통 내부자의 사기와 관계가 있다. 솜씨 좋은 푸줏간 업자가 한 개의 살라미 소시지를 얇게 썰어서 많은 고객들에게 서비스를 제공하는 것과 마찬가지로, 교활한 도둑은 수천 개의 다른 전자 계좌에서 몇 센트씩 잘라내어 그 돈을 다른 계좌에 모이도록 회계 시스템을 재프로그래밍함으로써 큰돈을 벌 수 있다.

논리 폭탄이나 트로이 목마 전술과 같은 컴퓨터 범죄가 도덕적으로 옳지 못하다는 것은 의심의 여지가 없다. 절도는 그것을 실행하는 수단이 무엇이었건 절도다. 해악 금지의 원리는 첨단 기술 범죄자들이 무슨 일을 저지르는지에 대해서 우리에게 알려줄 수 있다. 그렇게 함으로써 우리는 무언가 의심스러운 일이 일어나고 있다는 것을 알았을 때, 그것이 불법이라고 경고할 수 있게 된다. 해악 금지의 원리가 우리에게 일깨워주어야 보다 중요한 것은 첨단 기술 범죄자들이 전형적으로 기회를 가진 충직한 피고용인들이라는 것이다. 앞의 단락에서 내가 이미 언급한 바와 같이, 우리는 첨단 기술 자동화로 인해 생기는 점증하는 범죄에의 유혹을 이해할 필요가 있다. 도덕적 양심은 인간 대 인간의 상호 작용을 판단할 때 가장 잘 작용한다. 우리가 컴퓨터와 보다 많은 시간을 보낼 때 생기는 인간적 상호 작용으로부터의 단절감과 고립감은 하나의 도덕적 도전을 제기한다. 이 도전을 분명하게 인식할 필요가 있다.

특히, 피고용인의 고립(피고용인이 혼자 있는 것)을 줄이기 위하여 직무 내용 설명서와 업무 흐름도를 검토할 필요가 있다. 큰 이해 관계가 걸려 있는 경우, 우리는 개인들에게 분담되지 않은 책임이나 감독되지 않은 책임을 지워서는 안 된다. 그와 같은 고립은 유혹을 낳거나 또는 일이 잘못되는 경우 의심을 낳는다. 이것은 피고용인에게 불공정한 것이다. 베어링스 PLC 은행에 일어난 일을 생각해보라. 233년이나 된 런던의 은행인 베어링스 PLC는 니콜라스 리슨(Nicholas Leeson)의 위험한 투자가 실패하는 바람에 1995년에 파산했다. 28세의 리슨은 베어링스 은행 싱가포르 지사의 트레이더 겸 트레이드 관리자였다. 이것은 그가 도쿄 주식 시장과 채권 시장에서의 손실을 수습하기에는 너무 늦을 때까지 상사들에게 숨길 수 있었다는 것을 의미한다. 리슨의 행위에 대한 책임의 대부분은 리슨 자신이 졌다. 그러나 은행 또한 리슨을 도덕적 고립의 위치에 두었다는 점에서 비난받아 마땅하다.11)

견제와 균형이 가능한 "2인 1조 시스템"을 도입하는 것이 리슨과 같은 피고용인들을 다른 사람들과 보다 많이 상호 작용하도록 만드는 데 도움이 될 것이다. 다른 사람들과 보다 많이 상호 작용하는 것은 도덕적 삶의 필수적 측면이다. 우리는 도덕이 인간 중심적 경험이라는 것을 상기할 필요가 있다. 우리가 컴퓨터와 보다 많은 시간을 보내고 사람들과

---

11) Dalglish and Wallace, "Breaking the Bank", 46-48.

상호 작용하는 시간이 줄어듦에 따라 적어도 우리들 가운데 일부 사람들의 도덕적 결심이 흔들리게 될 것이라는 것은 맞는 말이다.

또한 정교한 전자 회계 시스템을 도입하는 것도 첨단 기술 수단을 사용해서 범죄를 저지르고자 하는 점증하는 도덕적 유혹을 줄이는 데 도움이 될 것이다. 그것은 때로는 양심적으로 일하고 때로는 양심적인 결심이 흔들리는 기회주의적인 상황을 상당히 제거할 수 있을 것이다.

3. 공정한 경쟁

100m 경주에서 캐나다의 벤 존슨(Ben Johnson)과 미국의 칼 루이스(Carl Lewis)의 라이벌 관계는 1988년 서울올림픽의 특집 기사였다. 이 두 단거리 선수는 모든 점에서 대조적으로 보였다. 존슨이 키가 작고 근육질인 데 비해 루이스는 키가 크고 유연했다. 존슨은 출발이 가장 빠른 데 비해서 루이스는 막판 질주가 최강이었다. 그들은 트랙과 필드의 이미지를 높인 좋은 라이벌 관계였다.

서울올림픽 결승전에서 존슨은 세계 기록을 세우면서 루이스를 누르고 금메달을 차지했다. 그러나 나중에 존슨은 스테로이드 약물 사용 검사에서 실격했다. 올림픽위원회는 존슨으로부터 금메달을 회수하여 루이스에게 주었다. 운동경기에서 활동강화제를 사용하는 것은 금지된다. 왜냐 하면 그것은 선수의 자연적인 재능과 근성과 노력을 시험하는 운동 경기의 목적을 위반하기 때문이다. 약물은 자연적 상태를 변화시켜서 열심히 노력하지 않은 선수가 경쟁에서 이기도록 만들 수도 있다. 자신의 자연적 재능을 강화하기 위하여 약물을 복용하는 것은 일종의 부정 행위로 간주된다. 그것은 공정 경쟁을 위반하는 것이다.

속도는 단거리 경기의 핵심 요소다. 속도와 트랙 및 필드 경기의 관계는 접근(access)과 정보 사회의 관계와 같다. 일부 선수들이 첨단 약물로 부정 행위를 함으로써 속도를 얻고자 노력하는 것과 마찬가지로, 일부 회사들은 첨단 정보 시스템으로 부정 행위를 함으로써 정보에 대한 접근 능력을 증진하고자—또는 그들의 경쟁사의 접근 능력을 제한하고자—노력한다. 이런 종류의 부정 행위는 우리의 문화적 유산의 일부인 공정 경쟁의 두 가지 기본적 요구를 완전히 무시하기 때문에 비도덕적이다. (그리고 여건에 따라 잠재적으로 불법적이다.)

첫째, 공정 경쟁은 (승리를 위해 공평한 기회가 보장되는) 공평한 경기장을 요구한다. 모든 경쟁자들에게는 단지 재능과 운과 노력에 기초해서만 이길 수 있는 기회가 주어져야 한다. 마찬가지로 모든 경쟁자들은 경기 자체의 완전성에 관심을 가져야 한다. 그 "경기"는 운동 경기일 수도 있고, 사업일 수도 있고, 학교나 기타 삶의 다른 측면일 수도 있다. 존슨이 스테로이드를 복용했을 때, 그는 자기 자신을 위해 경기장을 왜곡한 것이다. 그가 서울올림픽에서 보여준 놀라운 속도는 공정하게 획득된 것이 아니었다. 정보 기술 분야에서 이와 비교될 만한 예는 1980년대 중반의 항공 예약 시스템에 관한 논쟁이다.

1985년 당시, 항공 산업에서 모든 컴퓨터 예약의 거의 70%가 유나이티드 에어라인즈와 아메리칸 에어라인즈 단지 두 항공사 소유의 자동화 시스템으로 처리되었다. 이것은 유에스에어(USAir)와 같은 소규모 항공사들이 그들의 전자 예약의 70%의 수수료를 두 대기업에 지불할 수밖에 없다는 것을 의미한다. 많은 소규모 항공사들이 힘을 합쳐서 두 예약 시스템의 프로그램이 모회사(유나이티드 에어라인즈와 아메리칸 에어라인즈)에 유리하도록 왜곡되었다고 불평했다. 예를 들어, 유나이티드 에어라인즈와 아메리칸 에어라인즈의 경쟁 항공사가 가장 저렴한 요금과 편리한 출항을 제공하는 경우에는 그것에 대한 정보가 여행사의 컴퓨터 화면에 항상 나타나는 것은 아니었다. 일찍이 민간항공위원회는 그와 같이 편파적인 화면 표시 프로그램은 잘못이라고 판정하였다.[12)]

이것은 "공평한 경기장"이라는 관념이 정보 시대에 얼마나 복잡할 수 있는가를 잘 설명해준다. 정교한 정보 시스템을 개발하는 데 자원을 지출한 유나이티드 에어라인즈와 아메리칸 에어라인즈 같은 회사들은 분명히 그들이 감수한 상당한 위험 부담과 기울인 노력의 대가로 이윤을 얻을 만한 응분의 자격이 있다. 그러나 유나이티드 에어라인즈와 아메리칸 에어라인즈가 개발한 예약 시스템은 너무나 성공적이어서 항공 산업의 운영 방법 자체를 바꾸어버렸다. 그래서

---

12) Carter, "Different Air War", 120.

이 새 시스템을 사용하지 않는 회사들은 살아남을 수가 없었다. 경쟁사의 생존 자체가 문제가 될 때, 정상적인 경쟁 범위의 한계선을 넘어서게 된다. 우리는 그 선을 가리켜 공정한 경쟁이라고 부른다. 즉, 경쟁을 지속할 수 있게 하는 것은 공정한 것으로 간주된다. 그러나 경쟁을 완전히 사라지게 하는 것은 불공정하다. 기술적 혁신을 통해 산업 전반을 변형시키는— 달리 말해 경기장을 변화시키는— 능력이 우리가 보다 자주 다루어야만 하는 것이다. 해악 금지는 우리가 건전한 경쟁을 치명적인 사업으로 변질시키는 것을 허용해서는 안 된다는 것을 우리에게 일깨워줄 수 있다.

둘째, 공정한 경쟁은 우리의 경쟁자의 복지에 대한 배려감(a sense of care)을 요구한다. 칸트의 표현대로 도덕적이라는 것은 다른 사람을 우리 자신의 목적을 위한 단순한 수단으로 대우하지 않는 것을 의미한다.13) 우리는 타인들을 — 우리의 문맥에서는 법인도 포함된다 — 평등한 도덕적 존재로 여겨야 하며, 평등한 대우와 평등한 고려로서 그들을 존중해야 한다. 존슨은 그가 약물을 복용하고 더 빠른 속도를 냈을 때, 자기 자신을 위해 경기장을 왜곡했을 뿐만 아니라 자신의 경쟁 상대인 루이스를 적절하게 배려하지도 못했다. 정보 기술 분야에서 이와 유사한 예는 마이크로소프트 사가 자사의 응용 프로그래머들에게 자사의 운영 체계의 새로운 특징에 관한 보다 좋은 정보를 때맞추어 공급한다는 불평이다. 만약 이것이 사실이라면 응용 소프트웨어 시장에

---

13) Kant, *Ethical Philosophy*, 30.

서 마이크로소프트와 경쟁하는 경쟁사들은 새 운영 체계의 특징에 맞추어 제품을 다시 개발해야 한다. 따라서 그러한 행위는 경쟁사를 존중하지 않는 용인할 수 없는 행위다. 공정 경쟁의 한 측면으로서 평등한 대우의 요구는 마이크로소프트에게 운영 체계 정보를 적절한 방식으로 모든 경쟁자들과 공유할 것을 요구한다.

부정 행위가 인간 경험의 일부라는 사실로 인해서 기술이 비난받을 수는 없다. 그러나 기술은 우리에게 앞에서 살펴본 트로이 목마와 같은 낡은 술책과 습관을 대체할 수 있는 새로운 기회를 제공해준다. 이것이 우리가 이 책에 소개된 윤리학적 원리들을 명심함으로써 우리의 도덕적 결의를 드높여야 하는 이유다. 물론 첨단 기술 산업에서 공정 경쟁으로 인정될 수 있는 것과 인정될 수 없는 것을 구별하는 구분선은 불분명하다. 해악 금지의 원리는 방금 여기서 논의한 공정 경쟁의 두 가지 요구 조건(공평한 경기장, 평등한 대우)을 일깨워줌으로써 공정 경쟁과 불공정 경쟁을 구분하는데 도움을 줄 수 있다.

4. 요 약

세상을 놀라게 한 해커에 관한 이야기들은 컴퓨터로 매개되는 사회에서 생활 속에 내재하는 피해의 가능성에 주의를 돌리게 한다. 우리 시대의 큰 도덕적 위험 가운데 하나는 전자 데이터를 훔치는 것은 닭장 속의 병아리를 훔치는 것만큼 중대한 문제가 아니라고 생각하고 싶은 유혹이다. 해악 금지 — 피해를 주지 말라 — 의 원리는 타인의 복지에 대한 배려의 의무를 요약해서 나타내는 고대의 가르침이다. 그것은 옳고 그른 것 그리고 공정한 것이 무엇인지를 알려주는 중요한 지침으로 사용될 수 있다.

컴퓨터 범죄를 다루는 법률들은 단편적으로 제정되고 있다. 그래서 컴퓨터의 올바른 사용과 잘못된 사용에 대한 포괄적인 도덕적 이해를 확립하는 일은 우리들 각자에게 맡겨져 있다. 해악 금지의 윤리학적 원리는 이 점과 관련하여 피해를 주지 말라는 의무에 대한 간략한 지침을 제공함으로써 '고무하는 역할'을 할 수 있다. 한편, 불공정 경쟁을 다루는 독점 금지법은 사업에 예의와 공정성을 확립하는 데 너무 많은 부담을 지고 있다. 해악 금지의 윤리학적 원리는 이 분야에서 '회복하는 역할'을 할 수 있다. 즉, 해악 금지의 윤리학적 원리는 우리가 우리의 경쟁자들을 대우하는 방법에 대해 도덕적 책임을 지도록 촉구해야 한다.

해킹 또는 컴퓨터 시스템의 무단 사용은 우리가 정보 시대에 자주 접하는 상업 문화와 비상업 문화의 충돌을 상징한다. 대학의 과학자들과 마찬가지로 해커들은 컴퓨터에 관한 그들의 호기심을 — 그것이 그들을 어디로 이끌건 — 자유롭게 추구하기를 원한다. 그들은 상업 문화의 핵심인 재산권을 존중하지 않는 경향이 있다. 해악 금지의 원리는 우리 모두가 존중해야만 하는 다양한 의무에 관해서 알려준다. 해킹보다 더 심각한 것은 컴퓨터 사보타지 범죄(바이러스, 벌레, 논리 폭탄)와 절도 사기(트로이 목마, 살라미)다.

해악 금지의 원리는 또한 우리에게 첨단 기술 범죄자들이 전형적으로 기회를 가진 충직한 피고용인들이라는 것을 알려주어야 한다. 우리는 피고용인들에게 유혹을 낳을 수도 있는 감독 받지 않는 책임을 부과하지 않음으로써 피고용인들의 도덕적 취약성을 보호하는 조치를 취해야 한다. 도덕은 인간과 컴퓨터의 상호 작용이 아니라 인간과 인간의 상호 작용에서 가장 잘 기능한다.

속도와 트랙 및 필드의 관계는 접근과 정보 기술의 관계와 같다. 약물 복용이 달리기 경주에서 불공정 경쟁을 낳는 것과 똑같이 독점은 사업에서 불공정 경쟁을 낳는다. 어떤 영역에서건 공정 경쟁의 두 가지 기본적 필수 조건이 있다. 첫째, 공정 경쟁은 공평한 경기장을 요구한다. 둘째, 공정 경쟁은 경쟁자에 대한 배려를 요구한다. 해악 금지의 원리는 우리가 경쟁적인 세상에서 선한 삶을 살고자 노력할 때 우리로 하여금 이 필수 조건들을 명심하도록 도와준다.

☞ 더 생각해보기

　지난 세기의 많은 위대한 세계 문학들이 지나친 변화와 관련된 문제에 초점을 맞추었다. 예를 들어, 프란츠 카프카 (Franz Kafka)의 『변신』은 제1차 세계대전 시기에 유럽의 한 대도시에서 판매 사원으로 일하는 그레고르 삼사(Gregor Samsa)의 이야기를 다루고 있다. 삼사는 카프카가 그를 한 마리 곤충으로 묘사할 수밖에 없다고 느꼈던 새롭고 이상한 세계 — 점증하는 중공업, 24시간 돌아가는 공장, 도시의 인구 폭발, 이웃의 상실, 모든 기업에서의 치열한 경쟁 — 에 직면하였다. 불가해한 바퀴의 모습을 한 인간 주인공을 만남으로써 독자들은 삼사 자신이 느꼈던 이상함과 공포를 경험하게 된다. 이 소설은 기술에 의해 야기된 지나친 변화와 경쟁은 파괴적이고 비인간적이라는 분명한 메시지를 담고 있다.

　야쓰나리 가와바타(Yasunari Kawabata)의 『산의 소리 (The Sound of Mountain)』도 제2차 세계대전의 여파가 어떻게 일본을 변화시키고 부모와 자식을 갈라놓았는지에 대해서 유사한 이야기를 들려준다. 전후의 많은 변화들은 일본이 경쟁력을 가지기 위해 스스로를 서구형 산업으로 재편하는 과정에서 기술에 의해 추동된 것이다.

　탈산업 정보 사회도 역시 세계 안에서 우리의 공간 감각에 도전할 것이라는 징후들이 있다. 정보 과부하(과잉)와 컴퓨터 공포증은 불결한 공장을 가진 과밀한 도시만큼이나 인간적 의미를 위협하는 것처럼 보인다. 데이터 입력 업무는 아마도 조립 라인에서 일하던 그들의 선배들의 일 못지 않게 품위 없고 지루한 일일 것이다.

지나친 것은 해로울 수 있다. 이것은 고대 그리스까지 거슬러 올라가는 도덕적 가르침이다. 고대 그리스인들은 우리에게 덕은 두 극단 사이의 중용을 추구하는 것이라고 말한다. 예컨대, 행복은 슬픔과 들뜸(giddiness)의 중용이고, 용기는 두려움과 무모함의 중용이다. 해악 금지의 원리는 우리에게 지나치게 많은 기술과 변화는 때때로 해로울 수 있다는 것을 일깨워주어야 한다. 그리스인들의 충고대로 우리는 "첨단 기술"과 내스빗(John Naisbitt)이 말하는 "많은 접촉(high touch)"의 균형을 이룰 필요가 있다.14)

우리가 더 많은 기술을 가지면 가질수록 우리는 다른 사람들과 더 많이 상호 작용하는 경향이 있으며 또 그것을 필요로 한다. 이것이 정보 시대에 대한 내스빗의 관찰이자 정보 시대를 위한 가르침이다. 컴퓨터와 네트워크는 우리를 고립시키지 않는다. 그것들은 우리에게 서로 상호 작용할 수 있는 더 많은 기회를 제공한다. 그러나 우리는 올바른 접근법을 취해야 하며, 우리의 인간적 필요를 간과해서는 안 된다. 우리는 정보 시대에 필요한 "첨단 기술"과 "많은 접촉"을 얼마나 잘 조화시키고 있는가? 정보 시대는 기술을 너무 많이 강조하는 것은 아닌가? 혹은 너무 적게 강조하는 것은 아닌가? 그렇다면 적당한 수준은 어느 정도인가? 우리가 보다 많이 배려할 필요가 있다고 생각되는 높은 접촉과 관계

---

14) Naisbitt, *Megatrends*, 39-53.

되는 인간적 욕구(high-touch human needs)의 목록을 작
성해보라.

§

부 록

사례 연구

이 부록에 제시된 사례들은 이전의 장들에서 읽은 것들을 모두 결합하여 실생활의 환경에 적용할 수 있는 기회를 제공한다. 나는 제1장에서 원리 윤리학을 적용하기 위한 4단계 방법을 제시한 바 있다. 이 사례를 직접 다루기 전에 되돌아가서 다시 한 번 그 부분(단순한 사람이 하는 것이 단순한 것이다)을 읽어보는 것이 좋을 것이다. 쉽게 참조할 수 있도록 하기 위하여 정보 윤리학의 네 가지 원리의 목록인 [표 : 1-1]과 4단계 방법을 요약한 [표 : 1-2]를 여기에 다시 제시한다. 아울러 사례들을 읽고 각 사례의 말미에 제시된 물음에 대한 답을 찾아보는 것도 좋을 것이다. 적당할 때 4단계 방법을 활용하되, 윤리학의 목적은 우리가 더 좋은 도덕적 행위자가 되는 것을 돕는 데 있다는 것을 기억하기 바란다.

[표 : 1-1] 정보 윤리학의 기본 원리

1. 지적 재산권 존중
2. 프라이버시 존중
3. 공정한 표시
4. 해악 금지(혹은 피해를 주지 않는 것)

[표 : 1-2] 원리 윤리학의 4단계 방법

1. 사실을 정확하게 수집한다.
2. 도덕적 딜레마를 확인한다(사실들을 자신의 도덕적 감정으로부터 검사한다).
3. 어느 쪽이 가장 많은 윤리적 지지를 확보하고 있는지를 결정하기 위하여 정보 윤리학의 원리들을 이용   하여 도덕적 딜레마를 평가한다.
4. 자신의 해결 방안을 검사한다. 공적 검사(보편화 가능성 검사)를 견뎌낼 수 있는가?

1. 상업적 테러리즘인가 아니면 단순한 회수인가?

[사례-1] 1989년 1월에 연간 매출액이 30억 달러에 달하는 화장품 대기업인 레브론 그룹(Revlon Group)은 자사의 전국적 유통 센터 네 군데 가운데 두 곳의 재고 관리 소프트웨어 프로그램을 개발하기 위해 로지스티콘사(Logisticon)를 고용했다. 로지스티콘은 연간 수익 2000만 달러 미만의 비교적 소규모의 실리콘 밸리 회사다. 그 소프트웨어 개발 계획은 120만 달러에 체결되었다.[1]

　그런데 1990년 10월 9일, 레브론은 로지스티콘에게 계약을 취소하고 더 이상의 대금을 지급하지 않겠다는 의사를 통보하였다. 그때까지 단지 45만 달러만이 로지스티콘에 지급되었다. 레브론은 소프트웨어가 제대로 작동하지 않았다고 주장했다. 그러나 레브론은 더 이상의 대금 지급을 거부했음에도 불구하고 소프트웨어의 사용을 중단하지는 않았다.

　1990년 10월 16일 한밤중에 로지스티콘 기술자들은 재고 조사 소프트웨어가 사용되고 있는 유통 센터인 아리조나 피닉스와 뉴저지 에디슨에 있는 레브론 컴퓨터에 전화 접속하는 데 성공했다. 기술자들은 레브론의 접속 코드를 이용하여 자신들의 재고 조사 소프트웨어의 작동을 중단하라는 명령을 입력하고, 레브론의 선적 스케줄과 재고 조사 스케줄

---

1) Richards, "Revlon Suit Revives the Issue of 'Sabotage' by Software Firms", C1 ; Siegman, "Computer Firm Shuts Down Revlon Giant", A1 ; Spinello, *Ethical Aspects of Information Technology*, 109-110.

을 뒤섞어놓았다. 몇 시간 후 로지스티콘의 회장인 도날드 갤러거(Donald Gallagher)는 레브론에 이 같은 전자적 "회수" 행위를 통고하는 팩스를 보냈다.

레브론의 두 유통 센터는 혼란에 빠졌고, 사흘 동안 운영을 중지할 수밖에 없었다. 그 기간 동안에 거의 400명의 근로자들이 재택 대기 상태에 있었다. 북동부와 서부로 가는 레브론의 선적이 일시적으로 영향을 받았다. 그러나 플로리다 잭슨빌과 노스캐롤라이나 옥스퍼드에 있는 레브론의 다른 두 유통 센터는 여전히 운영되고 있었다.

레브론 대변인 제임스 콘로이는 로지스티콘의 한밤중의 행위를 일종의 "상업적 테러리즘"이라고 비난했다. 1990년 10월 20일에 레브론은 캘리포니아 산호세에서 계약 위반 소송을 제기했다. 가장 큰 쟁점이 된 것은 로지스티콘이 재고 조사 소프트웨어를 사용 불가능하게 만들 때 레브론의 데이터베이스를 오염시키고 파괴했다는 주장이었다. 그 소송은 1991년 1월에 법정 밖에서 해결되었다. 그러나 타협 조건은 밝혀지지 않았다.

▶원리 윤리학의 방법을 사용하여 이 사례에서 도덕적 딜레마를 확인하라. 로지스티콘과 레브론 중에 어느 회사가 도덕적 우위에 있다고 생각하는가? 양편 모두 잘못이 있다는 것은 분명하다. 그러나 어떤 회사가 다른 회사보다 잘못이 적은가? 즉, 어떤 회사가 보다 많은 원리에 의해 지지를 받고 있는가? 이것이 어느 쪽이 도덕적 우위를 가지는지를 결정하는 방법이다.

또한 두 회사가 사태의 성격을 규정하는 데 사용한 은유에 대해서 잠시 생각해보자. 레브론에 따르면, 로지스티콘의 행위는 일종의 *테러리즘*이다. 이러한 성격 규정은 적절하고 정당한가? 반면에 로지스티콘에 따르면, 자신들의 행위는 일종의 첨단 기술을 통한 *회수* 행위에 불과하다. 달리 말해, 그것은 체납된 자동차 대금의 손실을 보상하기 위해서 은행이 자동차를 회수하는 조치와 동일하다는 것이다. 이 사례에서 자동차 회수에 대한 유추는 적절한 유추인가? 마지막으로 이 두 회사가 사용한 유추보다 더 좋은 유추는 없는가?

2. 낚시업

[사례-2] 존 플로라는 평생 동안 오래곤 비버톤에 살고 있다. 그러나 그는 북서부 지방의 거의 모든 하천과 저수지에서 낚시를 해왔다. 낚시는 그가 제일 좋아하는 취미다. 테크트로닉스에서 기술자로 20년을 봉직한 후에 존은 낚시 사업을 시작하기로 결심했다. 그는 자신의 회사를 노스웨스트 캐치잇이라고 명명했다.

북서부 지방에는 이미 좋은 낚시 안내 회사와 낚시 도구 제조 회사들이 많이 있다. 그러나 장애인의 필요를 충족시켜주는 전문적인 회사는 없었다. 존의 노스웨스트 캐치잇은 이 같은 틈새 시장을 노렸다. 존의 동생 미치는 복합 경화증을 앓고 있어서, 휠체어에 의지하고 있었다. 그러나 미치는 여전히 낚시를 좋아했고, 그래서 종종 존의 낚시 여행에 동행하곤 했다. 사실, 존은 이미 미치가 그와 함께 낚시하러 갈 때 편리하게 이용할 수 있는 몇 가지 장치를 발명해놓고 있었다. 그것들 가운데 하나는 특수 손잡이가 달린 휠체어 낚시용 휠인데, 존은 그것을 제조해서 팔 수 있다고 생각했다.

처음 2년 동안 노스웨스트 캐치잇은 사업을 위해 구입했던 장애인용 차량과 장비의 대출금을 상환하고 경비를 지불할 수 있을 정도로 그럭저럭 사업이 되었다. 존은 노스웨스트 장애인 공동체를 위해 일하는 잡지와 소식지에 회사 광고를 냈으며, 장애인들이 자주 들르는 지방 대리점들과 만남의 장소에 팸플릿을 돌렸다. 그러나 그것은 사업을 번창

시킬 만큼의 성과를 올리지는 못했다. 그래서 존은 마케팅 전문가의 조언을 구했다.

마케팅 전문가는 주로 두 가지를 충고했다. 첫째, 그녀는 존에게 광고의 범위를 전국적 범위로 확대할 것을 권했다. 아이오와와 텍사스에 사는 장애인들도 적절한 지원과 서비스만 뒷받침된다면 오레곤으로 낚시 여행을 가고자 할 것이기 때문이다. 둘째, 그녀는 존이 목표로 삼는 청중들을 대상으로 직접 마케팅 행사를 할 것을 권했다. 그녀는 존에게 장애인들의 이름과 주소 데이터베이스를 판매하고자 하는 대규모 보철 회사의 이름을 제공했다. 존은 명단에 있는 대로 직접 마케팅 우편을 보낼 수 있게 되었다.

존은 보철 회사와 계약을 체결하고 데이터베이스를 구매하기로 결정했다. 그는 3일간의 특별 주말 여행 신청서를 데이터베이스에 등록된 사람들에게 우송했다. 며칠이 지나지 않아 특별 여행에 대한 전화 문의가 오기 시작했다. 사업은 존이 계획했던 수준으로 좋아지고 있었다.

그때, 존은 보철 회사의 고객 가운데 한 사람을 대리하는 변호사로부터 편지를 받았다. 그 고객은 존이 구입한 데이터베이스에 등록된 선천적 엉덩이 장애를 가진 세 살 난 소녀였다. 그녀의 부모는 존의 회사가 세 살 난 아이에게 영업을 한다는 사실을 좋아하지 않았고 그것을 중지하기를 바랐다.

▶원리 윤리학의 방법을 사용하여 이 사례에서 문제가 되고 있는 도덕적 쟁점을 평가하라. 여기에서 갈등하는 두 원리는 무엇인가? 어느 쪽이 분명한 도덕적 우위를 가지는가? 갈등을 해결할 수 있는 방법은 무엇인가? 보철 회사와 같은

데이터베이스 소유자들이 이런 종류의 문제를 미연에 방지하기 위해서 할 수 있는 일은 무엇인가?

3. 운영 체계가 될 수도 있는 브라우저

[사례-3] 넷스케이프 커뮤니케이션(Netscape Communication)은 일부 사람들에게는 인터넷 — 보다 정확하게 말하면, 월드 와이드 웹(World Wide Web) — 과 동의어로 통용될 정도로 급성장한 30억 달러 규모의 회사다. 넷스케이프를 수십억 달러의 가치가 있는 기업으로 도약시킨 뛰어난 응용물(킬러 소프트웨어)은, 사용자들이 웹을 검색할 수 있도록 해주는 소프트웨어 프로그램인 네비게이터(Navigator)다. 네비게이터는 지금까지는 "시장"에서 (1996년말까지 80%의 시장 점유율을 나타내고 있는) 지배적인 브라우저였다. 여기서 "시장"을 따옴표 안에 표기한 것은 브라우저 경쟁의 특이성 때문이다. 브라우저 시장의 주요 경쟁자인 넷스케이프와 마이크로소프트는 지금까지 자신들의 제품을 무료로 나누어주었다.[2]

마이크로소프트사는 PC 소프트웨어, 특히 운영 체계의 대명사인 700억 달러 규모의 회사다. 마이크로소프트를 세계에서 가장 성공한 소프트웨어 회사로 유지시켜온 뛰어난 응용물(킬러 소프트웨어)은 도스(DOS)와 윈도우(Windows)다. 마이크로소프트는 또한 중요 경쟁 시장에서 역전승한 것으로도 유명하다. 예를 들어, 마이크로소프트의 워드프로세스 응용 소프트웨어 — 워드(Word) — 는 원래 시장 선두였던

---

2) Ramo, "Winner Take All", 56 ff. ; Schlender, "Software Hardball", 107 ff.

워드-퍼펙트(Word-Perfect)를 밀어내고 선두를 차지한 것이다. 이것은 빌 게이츠가 세운 회사가 초인적 끈기와 마케팅 기술을 가졌기 때문이다.

이런 마이크로소프트가 매년 20억 달러의 연구 개발비를 쏟아부으면서 뒤늦게 따라잡으려고 하는 경쟁 상대가 바로 넷스케이프다. 마이크로소프트가 투자한 연구 개발비 총액은 넷스케이프의 연간 수입의 여섯 배에 달하는 엄청난 돈이다. 그뿐만 아니라 마이크로소프트는 인터넷 관련 무료 소프트웨어 — 주로 자사의 웹 브라우저인 익스플로러(Explorer) 3.0 — 를 가지고 인터넷으로 쇄도하고 있다. 1996년 8월에 시장에 출하된 익스플로러 3.0은 사용 첫 주 만에 100만 건의 내려받기를 기록하였다. 왜 마이크로소프트는 자사의 20분의 1 규모밖에 되는 않는 넷스케이프를 그렇게 걱정하는가?

여기에는 단순한 브라우저 시장 이상의 이해 관계가 걸려 있다. 만약 넷스케이프 마음대로 한다면, 네비게이터는 전체 인터넷을 탁상용 컴퓨터처럼 사용하는 신세대 운영 체계와 동일한 것이 되었을 터다. 선 마이크로시스템(Sun Microsystem)의 자바 스크립트(Java script)로 쓰여진 응용물과 결합했더라면, 네비게이터는 아마도 윈도우를 쓸모 없는 것으로 만들어버렸을 것이다. 국소 파일과 네트워크화된 응용 프로그램 그리고 멀리 떨어진 웹 페이지가 똑같이 같은 네비게이터 소프트웨어로 운영된다면, 윈도우가 할 일은 없어지게 된다. 사실, 브라우저에 기초한 인터넷 컴퓨터 작업이 규범(표준)이 된다면, PC 자체가 쓸모 없게 될 것이다. 넷스케이프는 최근에 나비오(Navio)라는 새로운 벤처 회사에 관한 정보를 공개했다. 이 회사는 브라우저 소프트웨어에 TV, 비디오 게임, 셀식 무선 전화기를 비롯한 모든 전자 기기를 연결하려는 시도를 하고 있다. 마이크로소프트의 성공은 PC의 성공과 밀접한 관련이 있다. 만약 PC가 사라진다면 마이크로소프트는 어떻게 되겠는가? PC에 기반을 둔 소프트웨어 회사(마이크로소프트)와 인터넷에 기반을 둔 새로운 소프트웨어 회사(넷스케이프)를 경쟁시키고 있는 브라우저 싸움에는 실로 엄청난 이해 관계가 걸려 있는 것이다.

▶ 해악 금지의 원리를 참고하여 소프트웨어 무료 배포와 관련해서 두 회사의 상대적인 도덕적 지위를 평가하라. 넷스케이프는 시장을 점유하고 유명해지기 위해서 자사의 브라우저를 무료로 나누어주기 시작하면서 급성장한 회사다. 일리노이대학 학생 시절에 모자이크(Mosaic)라는 원형 웹 브라우저를 실제로 발명한 사람은 넷스케이프에서 짐 클라크(Jim Clark)의 원래 동료였던 마크 안드리센(Marc Andreesen)이다. 반면에 마이크로소프트는 많은 시장에서 소프트웨어 산업을 지배하고 있는 기성 회사다. 브라우저 시장의 신참자인 마이크로소프트는 넷스케이프로부터 고객을 빼앗기 위해서 자사의 소프트웨어를 무료로 나누어주었다. (네비게이터가 윈도우의 잠재적 경쟁자라는 것 또한 기억하라.) 두 회사는 그들의 무료 배포 행위와 관련하여 똑같은 도덕적 지위를 가지는가? 그 경쟁이 공정 경쟁의 한계선을 넘은 것은 아닌가? 정보 윤리학의 다른 원리들은 넷스케이프와 마이크로소프트의 무료 배포 전략에서 어느 쪽을 지지해주는가?

4. 열광적 해커

[사례-4] 렌탈 시큐리티(Rental Security)는 아파트 관리 회사를 위해 서비스와 제품을 공급하는 시카고에 있는 회사다. 과거에는 회사 수입의 대부분을 보안 시스템의 판매 및 설치와 야간 보안 경비 불시 점검을 통해서 얻었다. 그러나 최근에는 예비 임차인에 관한 배경 정보를 요구하는 사례가 더욱 빈번해졌다. 특히, 아파트 관리자들은 임대 신청자가 집주인과 불화를 일으킨 전력이 있는지를 알기를 원했다. 그들의 경험에 의하면, 가장 말썽 많은 고객 — 집주인이 임대차 계약을 맺고 싶지 않은 사람 — 은 상습범인 경향이 있다. 어떤 남자가 아파트 관리자들을 연달아 속임으로써 5년 동안 임대료를 내지 않고 살았다는 지역 매스컴의 보도는 상습범들이 가장 많은 문제를 일으킨다는 그들의 확신을 더욱 확고하게 만들어주었다.

이처럼 점증하는 배경 조사에 대한 요구에 부응해서 렌탈 시큐리티는 두 명의 소프트웨어 기술자를 고용해서 나쁜 임차인에 관한 정보를 저장하고 검색하기 위한 데이터베이스를 구축했다. 데이터베이스 기록들은 국가 기관의 신용 기록뿐만 아니라 경찰과 법원의 기록, 공고, 임대 협회의 경고 등과 같은 것에서 수집하였다. 각각의 기록은 문제가 되고 있는 사람의 이름, 현재 주소, 직업 경력, 재정 상태, 집주인과의 마찰 경력을 포함하고 있었다. 최초의 목적은 데이터베이스를 단지 렌탈 시큐리티에서 수행하는 배경 조사에만 사용하는 것이었다. 그러나 나중에 회사는 그 기록을 정당한 사업적 필요를 가진 사람들에게 판매함으로써 실질적인 수익을 올릴 수 있다는 것을 깨달았다.

앨리사 잭슨은 불운하게도 그가 무엇 때문에 고생하는지도 모른 채, 13개월 동안 북부 시카고 지역에서 아파트를 구하고 있었다. 앨리사와 17세인 그녀의 아들은 동부에서 시카고로 이사를 와서 친척 집에 임시로 머무르고 있었다. 그녀는 여러 번 마음에 드는 아파트를 찾아서 지원서를 쓰고 계약금을 치렀다. 하지만 며칠이 지나지 않아 그녀는 아파트를 세놓을 수 없다는 말을 듣곤 하였다. 세 번째 이후 앨리사는 아파트 관리자에게 다시 전화를 걸어서 앞으로 어떻게 하면 좋은지에 대해 조언을 구했다. 그때 그녀는 렌탈 시큐리티의 데이터베이스와 관한 이야기와 그녀의 이름이 그 데이터베이스에 집주인과 문제를 일으킨 전력이 있는 사람으로 기록되어 있다는 사실을 알게 되었다. 이것은 앨리사를 어리둥절하게 만들었는데, 왜냐 하면 그녀는 시카고에 새로 이사를 왔고, 그 전에는 아파트에 산 적이 없기 때문이다.

앨리사는 렌탈 시큐리티로 전화를 걸어서, 회사가 누군가 다른 사람과 그녀를 착각하고 있다고 말했다. 이것이 회사가 새 데이터베이스에 관해서 접수받은 최초의 불평이었다. 회사는 그녀를 정중하게 대하기는 했지만 어찌해야 할지를 몰랐다. 그러는 사이 앨리사는 또 다른 아파트 관리자로부터 입주를 거절당했다. 마침내 그녀는 실망한 나머지 변호사와 상담하기로 결정했다.

앨리사의 아들 로저는 학교에서 컴퓨터 클럽에 가입하여 새 친구들을 사귀었다. 로저는 친구들에게 자기 어머니와 렌탈 시큐리티 사이의 문제에 대해 이야기했다. 로저와 두 명의 친구들은 앨리사가 더 이상 괴롭힘을 당하지 않도록 그 데이터베이스를 해킹해서 앨리사 잭슨에 대한 기록을 바꾸기로 결정했다. 그들은 아는 사람에게 부탁해서 렌탈 시큐리티의 비밀 번호를 알아냈다. 그리고 한밤중에 모뎀을 통해 그 시스템에 접근했다. 이 젊은 해커들은 앨리사의 기록을 찾기는 했지만 그 기록을 삭제하게끔 시스템을 다룰 수는 없었다. 그들은 컴퓨터 클럽이 가지고 있는 책에 언급된 몇 가지 표준적인 해킹 기술을 사용했으나 성공하지 못했다. 그러자 그들은 바이러스를 모방해서 일시적으로 보안 프로그램을 혼란시키는 교란 명령을 내렸다. 그것이 작동하는 듯싶더니, 다음 순간 화면이 꺼져버렸다.

그 다음날 렌탈 시큐리티의 데이터베이스 관리자는 시스템이 제대로 작동하지 않는다는 사실을 발견했다. 기록들이 서로 뒤섞여 있어서 기록을 불러낼 때마다 제대로 출력되지 않았다. 소프트웨어 기술자 중의 한 사람이 불려왔고, 그녀는 시스템이 사보타지를 당했다는 결정을 내렸다. 회사는 이 사실을 경찰에 신고했다. 경찰은 모뎀 연결 흔적을 추적해서, 렌탈 시큐리티를 해킹하는 데 사용된 컴퓨터의 주인인 컴퓨터 클럽 회원의 집을 찾아내었다. 어머니를 돕고자 했던 이 세 고등학생에 관한 이야기는 곧 매스컴에 알려졌다. 이것은 매우 선풍적인 뉴스였고, 정확한 컴퓨터 기록의 필요성에 대한 전국적인 토론을 불러일으켰다.

▶이 사례의 도덕적 함축에 대하여 생각해보자. 어떤 윤리학적 원리가 고등학생들의 행동을 지지해주는가? 만약 그렇다면 이 논쟁에서 회사와 해커 중 어느 편이 도덕적 우위를 가지는가? 이것은 목적(선량한 시민에게 피해를 주는 잘못된 데이터를 수정하는 것)이 수단(회사가 바꾸지 않는 것을 변화시키기 위하여 데이터베이스를 해킹하는 것)을 정당화하는 경우인가?

■ 참고 문헌

Alderman, Ellen, and Caroline Kennedy, *The Right to Privacy*. New York : Knopf, 1995.

Aristotle. *Nicomachean Ethics*. Translated by Martin Ostwald. C. 330 B.C. Reprint, Indianapolis : Bobbs-Merrill, 1962.

Austin, Jane. *Pride and Prejudice*. 1813. Reprint, New York : Penguin Books, 1981.

Bellah, Robert, Richard Madsen, William Sullivan, Ann Swidler, and Steven Tipton. *Habits of the Heart : Individualism and Commitment in American Life*. Berkeley : University of California, 1985.

Betts, Mitch. "Dirty Rotten Scoundrels?" *Computerworld* 29 (May 22, 1995) : 101 ff.

Beauchamp, Tom, and James Childress. *Principles of Biomedical Ethics*. 3d ed. New York : Oxford University

Press, 1989.

Bjerklie, David. "E-mail : The Boss Is Watching." *Technology Review* 96 (April 1993) : 14-15.

Blalock, Rick. "Don't Copy That Floppy." *Black Enterprise* 26 (October 1995): 46 ff.

Borgmann, Albert. *Grossing the Postmodern Divide*. Chicago : University of Chicago Press, 1992.

Bottoms, David. "Jim Clark : The Shooting Star @ Netscape." *Industry Week* 244 (December 18, 1995) : 12-14 ff.

Branscomb, Anne Wells. *Who Owns Information? : From Privacy to Public Access*. New York : Basic Books, 1994.

Carr, Albert. "Is Business Bluffing Ethical?" *Harvard Business Review* (January-February 1968) : 143-46.

Carter, Craig. "A Different Air War." *Fortune* 111 (February 18, 1985) : 120.

Casarez, Nicole. "Electronic Mail and Employee Relations : Why Privacy Must Be Considered." *Public Relations Quarterly* 37 (Summer 1992) : 37-40.

Dalglish, Brenda, and Bruce Wallace. "Breaking the Bank." *Macleans* (March 13, 1995) : 46-48.

Danks, Holly. "Intel Consultant on Defense." *Oregonian*, July 22, 1995, B1.

Darwin, Charles. *The Voyage of the Beagle*. 1839. Reprint,

New York : Dutton, 1959.

David, Paul. "Intellectual Property Institutions and the Panda's Thumb : Patents, Copyrights, and Trade Secrets in Economic Theory and History." In *Global Dimensions of Intellectual Property Rights in Science and Technology*, edited by Mitchel Wallerstein, Mary Mogee, and Roberta Schoen, 19–61. Washington, DC : National Academy Press, 1993.

DeTar, Jim. "Intel Alters Flaw Disclosure Policy." *Electronic News* 41 (February 6. 1995) : 32 ff.

Dill, Stephen. "Authorities Nab 'World's Most Wanted' Computer Hacker." *Oregonian*, February 17, 1995, A12.

"Doning the Right Thing." *Economist* 335 (May 20, 1995) : 64.

Eder, Peter. "Privacy on Parade : Your Secrets for Sale!" *Futurist* 28 (July–August 1994) : 38–42.

Edney, Leon, "Lament for a Shipmate." *Washington Post*, May 21, 1996, A19.

Forester, Tom, and Perry Morrison. *Computer Ethics : Cautionary Tales and Ethical Dilemmas in Computing.* Cambridge, MA : MIT Press, 1990.

Forrest Gump, directed by Robert Zemeckis. Paramount Pictures, 1994.

Gates, Bill. *The Road Ahead.* New York : Viking, 1995.

Gladden, G. R. "Stop the Lifecycle, I Want to Get Off." *Software Engineering Notes* 7, no. 2 (1982) : 35-39.

Glengarry Glen Ross, directed by James Foley. Rank / Zuprick Enterprises, 1992.

Gogol, Nikolai, *Dead Souls*. Translated by David Maga-rshack 1842. Reprint, New York : Penguin Books, 1961.

Greenberg, Ilan. "Getting Tough on Is Crime." *InfoWorld* 17 (May 1, 1995) : 27 ff.

Halper, Mark. "AMR Calls Confirm Partners Selfish." *Computerworld* 27 (May 24, 1993) : 4 ff.

Hauptman, Robert, and Susan Motin. "The Internet, Cyberethics, and Virtual Morality," *Online* 18 (March 1994) : 8-10.

Howard, Philip. *The Death of Common Sense*. New York : Random House, 1994.

Icove, David, Karl Seger, and William VonStorch. *Computer Crime : A Crimefighter's Handbook*. Sebastopol, CA : O'Reliley and Associates, 1995.

Johnson, Deborah, *Computer Ethics*. 2d ed. Englewood Cliffs, NJ : Prentice Hall, 1994.

Jonas, Hans. *The Imperative of Responsiblity : In Search of an Ethics for the Technological Age*. Chicago : University of Chicago Press, 1984.

Jurassic Park, directed by Steven Spielberg. Universal

Pictures and Amblin Entertainment, 1994.

Kafka, Franz. *Selected Short Stories of Franz Kafka*. Translated by William Muir and Edwin Muir. New York : Modern Liberary, 1952.

Kallman, Ernest, and John Grillo. *Ethical Decision Making and Information Technology : An Introduction with Cases*. Watsonville, CA : McGraw-Hill, 1993.

Kant, Immanuel. *Ethical Philosophy*. Translated by James Ellington. 1785-1797. Reprint, Indianapolis : Hackett Publishing, 1983.

Kawabata, Yasunari. *The Sound of the Mountain*. Translated by Edward Seidensticker. New York : Perigee Books. 1970.

Kidder, Rushworth. "Tough Choices : Why It's Getting Harder to Be Ethical." *Futurist* 29 (September-October 1995) : 29-32.

Kirkpatrick, David. "The Fallout from Intel's Pentium Bug", *Fortune* 131 (January 16, 1995) : 15.

Kirkpatrick, David, and Brenton Schlender. "The Valley vs. Microsoft." *Fortune* 131 (March 20, 1995) : 84-86 ff.

Kohak, Erazim. *The Embers and the Stars : A Philosophical Inquiry into the Moral Sense of Nature*. Chicago : University of Chicago Press, 1984.

Levy, Steven. *Hackers : Heroes of the Computer Revolution*.

New York : Doubleday, 1985.

Mason, Richard, "Applying Ethics to Information Technology Issues." *Communications of the ACM 38* (December 1995) : 55-59.

Mason, Richard, Florence Mason, and Mary Culnan. *Ethics of Information Management.* Thousand Oaks, CA : Sage, 1995.

Melamed, A. Douglas. "Antitrust : The New Regulation." *Antitrust* 10 (fall 1995) : 13-15.

Mill, John Stuart. *Utilitarianism.* 1863. Reprint, Indianapolis : Hackett Publishing, 1979.

Miller, Arthur. *The Portable Arthur Miller.* Edited by Harold Clurman. New York : Penguin, 1971.

Miller, Michael. "Once Lost, Can Trust Be Regained?" *PC Magazine* (February 21, 1995) : 79-80.

Morello, Carol. "Top Hacker Has Tough Time Hacking Life Minus Computer." *Oregonian*, September 22, 1996, A10.

Morrow, Lance. "Yin and Yang, Sleaze and Moralizing." *Time* (December 26, 1994) : 158.

Nasibitt, John. *Megatrends : Ten New Directions Trans- forming Our Lives.* New York : Warmer Books, 1982.

Negroponte, Nicholas. *Being Digital.* New York : Knopf, 1995.

Nussabaum, Martha. *The Fragility of Goodness : Luck and*

Ethics in Greek Tragedy and Philosophy. New York :
Cambridge University Press, 1986.

O'Connor, Kelly. "Emerging Antitrust Issues Affecting the
Computer Industry." *Hastings Communications and
Entertainment Law Journal* 17 (Summer 1995) : 819-839.

Oliver, Gordon. "Oregon Vehicle Owner Pop Up on Internet."
Oregonian, August 7, 1996. A1 ff.

Orwell, George, *Nineteen Eighty-Four.* New York : Harcourt
Brace, 1949.

Oz, Effy. *Ethics for the Information Age.* New York :
Business and Education Technologies, 1994.

_____. "When Professional Standards Are Lax : The
Confirm Failure and Its Lessons." *Communications of
the ACM 37* (October 1994) : 29-41.

Parker, Donn, Susan Swope and Bruce Baker. *Ethical
Conflict in Information and Computer Science,
Technology, and Business.* Wellesley, MA : QED
Information Science, 1990.

Price, Dick. "Pentium FDIV Flaw — Lessons Learned."
IEEE Micro 15 (April 1995) : 88 ff.

Prince, Jim. "Negligence : Liability for Defective Software."
Oklahoma Law Review 33 (1980) : 848-855.

Ramo, Joshua. "Winner Take All." *Time* (September 16,
1996) : 56 ff.

Rawls, John. *A Theory of Justice.* Cambridge, MA :

Harvard University Press, 1971.

Richards, Evelyn. "Revlon Suit Revives the Issue of 'Sabotage' by Software Firms." *Washington Post*, October 27, 1990. C1.

Rozak, Thedore. *The Cult of Information : A Neo-Luddite Treatise on High Tech, Artificial Intelligence, and the True Art of Thinking.* Berkeley : University of California Press, 1994.

Samuelson, Pamela. "A Case Study on Computer Programs." *Global Dimensions of Intellectual Property Rights in Sicence and Tehnology*, edited by Mitchel Wallerstein, Mary Mogee, and Roberta Schoen, 284-318. Washington, DC : National Academy Press, 1993.

_____. "Intellectual Property Rights and the Global Information Economy." *Communications of the ACM* 39 (January 1996) : 23-31.

Schlender, Brent. "Software Hardball." *Fortune* 134 (September 30, 1996) : 107 ff.

Seligman, Daniel. "The Devil in Direct Marketing." *Fortune* 123 (March 11, 1991) : 123-124.

Siegman, Ken. "Computer Firm Shut Down Revlon Giant." *San Francisco Chronicle*, October 25, 1990, A1.

Spinello, Richard. *Ethical Aspects of Information Technology.* Englewood Cliffs, NJ : Prentice Hall, 1995.

Stoll, Clifford. *Silicon Snake Oil : Second Thoughts on the*

Information Highway. New York : Doubleday, 1995.

Tenner, Edward. *Why Things Bite Back : Technology and the Revenge of Unintended Consequences.* New York : Knopf, 1996.

Weinberg, Neil. "Budget Won't Budge." *Forbes* 153 (January 17, 1994) : 20 ff.

Wiegner, Kathleen. "The Trouble with E-mail." *Working Woman* 17 (April 1992) : 46.

Wolf, Gray. "The Curse of Xanadu." *Wired* (June 1995) : 137 ff.

■ 찾아보기

나

자

차

■ 지은이 / 리차드 세버슨(Richard Severson)

미국 아이오와대에서 도서관학을 전공한 뒤 동 대학원을 졸업(Ph. D.)하였으며, 현재 메릴허스트대 겸임 교수 및 전자도서관 사서로 있다. 저서로는 『Time, Death and Eternity』, 『The Confession of St. Augustine』이 있다.

□ 옮긴이 / 추병완

서울대 국민윤리교육과를 졸업한 뒤 미국 조지아대 대학원을 졸업(Ph. D.)하였으며, 현재 춘천교육대 윤리교육과 교수로 있다. 저서로는 『도덕과 수행 평가』(백의, 2000), 『도덕 교육의 이해』(백의, 1999), 『윤리학과 도덕 교육1』(인간사랑, 1996) 등이 있으며, 역서로는 『성과 사랑』(백의, 2000), 『교육철학』(철학과현실사, 2000), 『도덕 발달 이론』(백의, 1999), 『구성주의 교수 · 학습론』(백의, 1999), 『인격교육론』(백의, 1998), 『컴퓨터 시대의 인간』(백의, 1998), 『컴퓨터 윤리학』(한울, 1997) 등이 있다.

□ 옮긴이 / 류지한

서울대 국민윤리교육과를 졸업한 뒤 동 대학원을 졸업(교육학 박사)하였으며, 현재 서울대와 춘천교대, 서원대 강사로 있다. 주요 논문으로는 「R. M. Hare의 합리적 비기술주의 도덕추리론 연구」 등이 있으며, 역서로는 『현대윤리학 입문』(철학과현실사, 1999), 『컴퓨터 시대의 인간』(백의, 1998)이 있다.

정보 윤리학의 기본 원리

초판 1쇄 인쇄 / 2000년 3월 10일
초판 1쇄 발행 / 2000년 3월 15일

지은이 / 리차드 세버슨
옮긴이 / 추병완 · 류지한
펴낸이 / 전　춘　호
펴낸곳 / 철학과현실사
서울특별시 서초구 양재동 338의 10호
전화 579—5908~9

등록일자 / 1987년 12월 15일(등록번호 : 제1—583호)

ISBN 89-7775-290-6 03190
*잘못된 책은 바꾸어 드립니다.

값 8,000원